한국교회에
말한다

✝

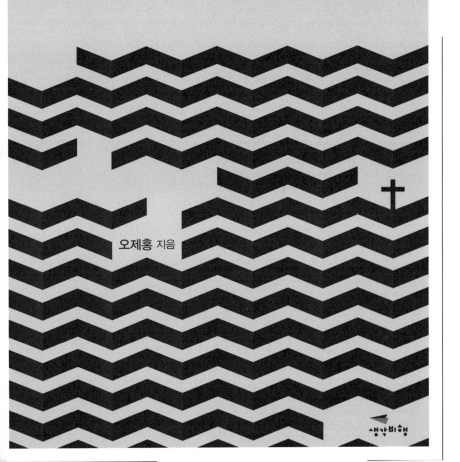

한국 교회에
말한다

오제홍 지음

생각비행

"끊임없이 공부하고 질문하는 교인이 필요한 때"

흔히들 종교개혁이 '기독교'를 대상으로 한 개혁이었다고 오해한다. 하지만 16세기 서유럽을 필두로 진행된 종교개혁은 단순히 종교에 국한한 개혁이 아니었다. 당시 서구에서 기독교는 국가의 기틀이 되는 원리를 제공했기에 기독교를 개혁한다는 것은 곧 국가를 개혁한다는 의미였다.

영국의 헨리 8세가 교황과의 다툼 끝에 수장령Act of Supremacy (1534)을 선포하고 성공회를 시작한 것도, 독일 작센Sachsen 지역 제후들이 로마 교황을 등지고 루터의 개혁에 힘을 실었던 것도 단순히 종교의 개혁이 아니라 국가의 기조 자체가 달라진 사건이었다.

당시 유럽 국가들은 로마가톨릭의 최고 권위자였던 교황과 어떠한 관계를 형성하느냐에 따라 국가의 흥망성쇠가 결정되었다. 그럼에도 루터를 비롯한 많은 종교개혁가가 절대 권력을 지닌 로마가톨릭 교회에 저항했던 것은 부패한 기득권 세력에 대한 반발이자 양극화된 계급 사회에 대한 개혁의 몸부림이었다. 종교개혁은 사회 혁명과도 같았다.

그렇다면 유럽의 종교개혁은 어떻게 성공할 수 있었을까? 그 공은 바로 시민들에게 있다. 대표적인 종교개혁가들이 종교개혁의 탄생에 촉매 역할을 한 것은 분명한 사실이지만, 그 밑바닥에는 그 시대에 일어난 지식과 사회 분야의 더 큰 격변이 자리 잡고 있었다. 그리고 그 중심에는 시민들이 있었다.

종교개혁가들은 전통적으로 내려오던 성직제도와 성직자가 가진 권위가 종교와 사회를 타락시키고 왜곡한다고 보았다. 따라서 스스로 개혁할 동력을 상실한 교회에서 개혁의 주체는 시민이 될 수밖에 없었다. 루터가 주장한 '만인제사장'은 그렇게 시민 한 사람 한 사람에게 힘을 실어주었고, 중세가 막을 내리고 종교개혁의 여명이 밝아오면서 기독교는 과거 어느 때보다 대중의 경험과 삶 속에 견고히 뿌리를 내리게 되었다. 신앙과 그 실천에 대한 폭넓은 갈망이 있던 시기, 대중은 자신들의 의무를 다하지 못하는 제도권 교회와 성직자들에게 비판적 태도를 유지하며 개혁의 발판을 마련했다.

때마침 발달한 인쇄술로 기독교 교리의 핵심 요소인 성경의 번역과 공급이 확산할 수 있었고, 성경을 마주한 대중은 스스로 생각하기 시작했다. 자신들을 더 이상 성직자에게 복종하는 존재로 여기지 않게 된 것이다. 이와 관련해 암스테르담의 에라스뮈스는 "대중이야말로 교회에서 가장 중요하게 여겨야 할 자원"이라고 했다. 교회의 미래가 성경을 아는 대중의 등장에 달려 있다는 것이다.

사회 문제는 곧 교회의 문제

지난해 박성진 중소벤처기업부 장관 후보자의 창조과학 논란으로 한국 교회가 또다시 도마 위에 올랐다. 종교개혁 500주년이라는 타이틀이 무색하게 한국 교회와 관련한 부정적 이슈들이 계속해서 여론을 뜨겁게 달구고 있다. 명성교회 담임목사 부자 세습 사건과 성추행을 저지른 전 검찰국장의 세례식과 간증이 불을 댕긴 '미투' 운동은 한국 교회를 넘어 사회적으로 뜨거운 이슈가 되었다.

사실 대부분의 문제는 오랫동안 쌓여온 폐단이 한꺼번에 터진 것이다. 담임목사직 세습도, 창조설에 대한 논쟁도, 잘못을 저지른 이가 스스로 용서받을 수 있도록 허락한 교회의 '값싼 은혜'도 어제오늘 일이 아니었다. 삼풍백화점과 성수대교의 붕괴가 누적된 부정부패의 산물이었던 것처럼 말이다.

지금 우리나라는 변화의 시대를 맞이했다. 대중의 전면적인 정치 참여로 정권이 교체되고 잘못을 저지른 이들이 그 대가를 치르고 있다. 이제 기독교 차례다. 부패한 종교는 거듭나야 한다. 부패한 정권에 끌려다닐 필요가 없듯이 타락한 교회에 의존하면 안 된다. 교인들 스스로 공부하고 나서야 한다. 이러한 참여가 '성직주의'를 무너뜨리고 교회의 권력화를 막을 수 있다. 그것이야말로 종교개혁이 우리에게 주는 교훈이다.

최근 들어 한국 교회의 개혁을 외치는 사람들이 많아졌다. 종교개혁 당시에도 그랬듯이 개혁을 완수할 방법은 단 하나다. 올바른 가치관을 가진 국민에게 부패한 대통령이 존재할 수 없듯이, 비판적 사고로 끊임없이 공부하고 질문하는 교인들이 모인 곳에 부패한 목사는 설 자리를 잃게 된다. 물론 어려운 일이다. 맹목적으로 '아멘'을 외치는 사람들에게 합리적 의심을 요구하는 것은 개혁改革의 본래 의미처럼 가죽을 뜯어

내는 것 같은 고통이 수반되겠지만, 이것이야말로 개혁이 이루어질 수 있는 유일한 길이다.

《한국 교회에 말한다》는 각종 사회 문제가 불거질 당시 《딴지일보》에 같은 제목으로 연재했던 것을 하나로 묶었다. 각 장에서는 해당 사건에 대한 한국 교회의 입장과 교리, 성경 해석 등을 다루며, 문제의 원인이 무엇이고 어떠한 관점을 가져야 하는지도 함께 짚어봤다. 책이 나올 수 있도록 도움을 준 《딴지일보》 김창규 편집장과 도서출판 생각비행에 고마움을 전한다.

차례

01

지구 나이는 6000년?

2017년 9월 15일 박성진 중소벤처기업부 장관 후보자는 자진 사퇴 의사를 밝히며 다음과 같이 말했다.

"청문회를 통해 중소벤처기업부 장관으로서의 이념과 신앙 검증에 대부분의 시간을 할애했음에도 불구하고 전문성 부족을 명분으로 부적절 채택을 한 국회의 결정을 납득하기 어려웠다."

납득하기 어려울 만도 하다. 사실 박성진 박사(포항공대 교수)가 중소벤처기업부 장관 후보자로 지명되었을 때부터 여론을 뜨겁게 달궜던 것은 다름 아닌 그의 이념과 신앙이었다. 그중에서도 과학자로서 비과학적 지식을 산출하는 대표적 단체인 창조과학회에 이사로 있었다는 점, 특히 지구의 나이를 6000년이라고 믿는 그의 신앙관이 핵심이었다.

운석의 방사능 연대 측정을 기반으로 연구한 결과에 따르면 지구의 나이는 45억 년 정도다. 물론 오차 범위가 ±0.5억 년으로 정확한 수치는 아니지만, 어쨌든 지구가 6000년보다는 훨씬 더 오래되었을 것이라는 의견이 과학자들의 공통된 견해이다.

그렇다면 박성진 후보자는 왜 지구 나이를 6000년이라고 했을까? 청문회 당시 박 후보자가 했던 말을 살펴보자.

질문자: 후보자가 보기에 지구의 나이는 어떻게 되나요?

박 후보자: 창조 신앙을 믿는 입장에서는, 교회에서는 6000년이라고 얘기하고 있습니다. 과학자들이 탄소동위원소나 여러 가지 방법에 근거해서 말하는 나이는 다릅니다.

질문자: 창조과학자들은 과학적인 근거를 갖고 지구의 나이를 6000년이라고 주장했습니다. 그 부분에 동의하시나요?

박 후보자: 동의하지 않습니다. 저는 신앙적으로 믿고 있습니다.

이게 무슨 말일까? 창조과학회에서 주장하는 지구 나이

6000년을 신앙적으로는 믿지만 과학적으로는 동의하지 않는
다는 말인가? 선뜻 이해하기 어렵다. '동의하지 않지만 (신앙
적으로는) 믿고 있다'라는 말은 모순되기 때문이다. 동의가 안
되는데 어떻게 믿을 수 있겠는가? 박 후보자의 대답은 그 자
체가 모순이기 때문에 애초에 이해가 불가능한 답변이었다.

그렇다면 왜 철저하게 과학 '통'인 그가 '신앙적으로는 지구
나이가 6000년이라 믿는다'라고 답했던 걸까? 왜 이와 같은
모순된 주장을 할 수밖에 없었을까? 답은 간단하다. 성경에
대한 그릇된 종교심 때문이다.

루터도 믿었던 천동설

이러한 문제는 오늘날에만 있는 것이 아니었다. 313년 밀라노 칙령에 따라 기독교가 로마의 국교로 지정되면서 교세는 점점 확장되었다. 특히 중세로 들어서면서 기독교는 서양의 주요 종교가 되었고, 국가는 교회에 의해 운영되기 시작했다. 기독교가 서구의 정치, 문화, 사회의 중심이 될 수 있었던 것도 이러한 이유 때문이었다.

그런 교회는 정경화正經化 과정을 거쳐 확립된 성경을 근거로, 신이 만든 최상의 피조물은 인간이기 때문에 인간이 발을 딛고 있는 곳, 곧 지구가 우주의 중심이라 여겼다. 중세를 거치면서 천동설이 정설로 굳건하게 자리매김한 까닭도 이와 같은 사상적 뒷받침 덕분이었다. 사실 프톨레마이오스의 천문학 체계는 지나치게 지구 중심적이었기 때문에 학문적 반론이 없었던 것은 아니다. 그러나 모든 권력의 핵심이었던 교회가 동의한 천동설은 그 누구도 건드릴 수 없는 '진리'가 되었다.

이렇듯 천동설은 단순히 천문학적 관측 결과에서 도출한 이론이 아니었다. 숱한 과학자들의 연구와 논의가 바탕을 이루고 있다고는 하나 당대의 사상과 철학이 깊숙하게 투영된 이 론이었음이 분명했다. 그렇게, 지금 같으면 '미쳤다'는 소리나 들을 법한, 지구를 중심으로 태양과 우주가 돌고 있다는 이야 기를 유럽인 대부분이 1500년이나 믿었다. 우주의 구조까지 도 기독교라는 테두리 안에서 답을 정했던 것이다.

　코페르니쿠스가 처음으로 지동설을 주장하는 논문을 발표 했을 때도 몇몇 학자는 환영했으나 정작 그 자신은 교회의 탄

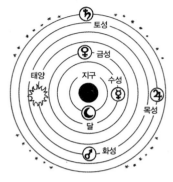

프톨레마이오스의 우주. 프톨레마이오스의 이론에 따르면, 태양은 지구를 둘러싼 원궤도를 따라 일정한 속력으로 움직인다.

압을 우려해 논문 출판을 10년 넘게 미루었다고 한다. 코페르니쿠스의 논문 출판을 담당한 루터교 출신의 안드레아스 오시안더Andreas Osiander가 "이 가설을 읽는 독자에게"라는 제목으로 코페르니쿠스의 주장이 단순 가설이라는 내용의 논문 초록을 임의로 삽입한 사례 역시 당시 기독교가 가진 영향력을 실감케 한다.

이러한 방식으로 세계관을 지배한 기독교 덕분이었을까? 종교개혁가 마르틴 루터도 성경의 《여호수아》 10장 12절을 인용해 코페르니쿠스의 이론을 반박했다. 루터는 이스라엘과 아모리 민족의 전투에서 "태양아, 기브온 위에 머물러라! 달아, 아얄론 골짜기에 머물러라!"라고 했던 여호수아의 기도 내용을 바탕으로, 분명히 하나님께서 태양과 달을 멈추셨지 지구를 멈춘 것이 아니라고 주장하며 코페르니쿠스의 지동설을 반박했다. 종교개혁가로서 존경받는 루터이지만, 천문학 연구 논문을 성경의 일화로 반박하려고 했던 것은 성경에 대한 잘못된 이해를 보여주는 사례라고 볼 수밖에 없다.

중세를 사는 한국 교회

시대 상황을 고려한다면 루터와 그 이전 시대 사람들을 어느 정도 이해할 수는 있다. 종교개혁 당시 성경은 눈으로 직접 보기조차 힘든 책이었다(루터조차 교회에서 봉직하기 전까지 성경을 제대로 읽어본 적이 없다고 한다). 오늘날 가격으로 따지면 권당 4~5억 원에 달했던 성경은 그 가격만큼이나 가치도 위상도 남달랐다. 아무리 신자라 하더라도 교회에나 가야 몇몇 구절을 겨우 들을 수 있을 정도였다. 물론 유럽 전체 인구의 2퍼센트 정도만 읽을 수 있다는 라틴어 성경은 일반인이 들어도 무슨 말인지 알 수 없었고 봐도 무슨 뜻인지 이해할 수 없었다. 미사를 집전하는 성직자가 성경을 자국어로 짧게나마 설명해주기라도 하면 그나마 다행이던 시대였다.

더욱이 신자들에게 성경은 '신의 계시가 담긴 책'이었다. 최고의 권위를 자랑하던 교회의 보물 1호로서, 성경에 오류 따위는 없다고 믿었다. '성경무오설'도 그렇게 확립되었다. 성경에 기록된 것은 모두 사실이며 어떠한 오류도 없다고 믿었다. 이러한 당시 사회 분위기를 고려한다면, 성경으로 세상의 모든 이치를 파악하려 했던 사람들의 시도 자체가 이해 못 할 바는 아니다. 성경으로 천문학까지 비판하려 했던 루터의 시도도 어느 정도 이해는 가능하다.

하지만 지금은 중세 시대와 상황 자체가 판이하다. 성경은 이미 각종 언어로 번역되어 있다. 어디서든 직접 사 볼 수 있고 각종 해설서도 넘쳐난다. 누구나 성경을 연구할 수 있고, 손쉽게 관련 자료들을 찾아볼 기회도 충분하다. 과거처럼 성경 자체가 신격화할 만한 대상이 못 된다. 성경무오설도 마찬가지다. 성경은 현재 원본이 존재하지 않고 사본을 근거로 정경화 되었다. 게다가 구약성경은 구전口傳을 추후에 기록해 자료를 남긴 것이기 때문에 각종 연대부터 시대 묘사 등 여러 역사서와 다른 부분도 많다. 이처럼 여러 면에서 한계를 드러낸 성경을 과거 중세처럼 절대적으로 신뢰하는 처사는 이해할 수 없다.

지구 나이 6000년을 신앙적으로 믿고 있다는 박 후보자의 대답은 천동설을 믿던 중세인들의 신앙, 그리고 코페르니쿠스의 지동설을 반박하던 루터의 사고와 다르지 않다. 이는 성경에 대한 그릇된 종교심에서 비롯한 오류이다. 그가 과학자로서, 기독교 신앙인으로서 모순된 답변을 할 수밖에 없었던 상황도 이러한 오류 탓이다. 창조과학을 부정하자니 신앙을 저버리는 것 같고, 부정 안 하자니 자신의 경력에 문제가 생길 것 같은, 이러지도 저러지도 못하는 상황. 이는 분명 무언가를

성경무오설

성경무오설聖經無誤說은 성경은 신의 말씀이며, 따라서 오류는 단 한 곳도 없다는 주장이다. 하지만 오류가 없다는 것이 글자 하나하나에 오류가 없다는 뜻인지, 전반적 내용에 오류가 없다는 뜻인지는 종파별로 의견이 엇갈린다. 그중 대표적인 두 입장이 축자영감설逐字靈感說과 유기적영감설有機的靈感說이다.

축자영감설은 말 그대로 글자 하나하나에 신의 영靈이 담겨 있으므로 오류가 없다는 주장이다. 만약 오류가 있다고 한다면 신이 오류를 범한 것이 되는데, 이는 곧 신성모독이므로 성경은 오류가 없다고 믿는다.

반면 유기적영감설은 신의 영이 인간의 모든 감각과 맞물려 밀접하게 작용했다고 믿기에, 비록 불완전한 인간이 기록하여 역사적, 과학적 정확성을 기대할 수는 없지만, 전체적 맥락에서 신의 영감이 담긴 구원의 진리에는 오류가 없다는 주장이다. 따라서 유기적영감설에 따르면 성경을 이해하기 위해서는 그 시대 상황을 이해해야 한다.

잘못 믿고 있기에 발생하는 문제이다.

　박 후보자의 등장으로 창조과학과 현대 기독교에 제기된 문제는 단순히 어느 부처 장관 후보자 개인만의 문제가 아니다. 이것은 한국 교회가 그동안 가르쳐왔던 신앙과 교육의 문제이다. 어둡던 시대를 지나 모두가 동등하게 성경을 읽고 뜻을 파악할 기회가 생겼다. 하지만 한국 교회는 여전히 과거에 머물러 있다. 따라서 지금까지 해왔던, 성경에 대한 그릇된 종교심을 심어주는 신앙 교육은 재고되어야 한다. 얼마나 많은 신앙인이 박 후보자와 같은 상황에서 신앙의 모순을 견디며 살아가고 있는가?

성경의 한계와 오류

'지구 나이 6000년'은 성경에 직접 기록되어 있지 않다. 6000년이라는 숫자는 성경에 있는 다양한 내용을 종합해 계산한 하나의 해석에 불과하다. 가령 《창세기》에는 인류의 시초인 아담으로부터 시작되는 인류의 족보가 있다. 이 족보의 연대를 측정해보면 기원전 4000년경에 아담이 활동했던 것으로 계산

된다. '고대 창조설' 혹은 '젊은 지구설'이라 불리는 가설들은 이 같은 계산법의 산물이다. 하지만 이러한 족보 연대로 지구의 나이를 측정하려면 구약성경에 기록된 자료(족보)가 한 명도 빠짐없이 모두 기록하고 있고, 틀림이 없다는 전제가 필요하다. 또한 족보로 연대 측정이 가능하다는 전제도 필요하다. 이 두 전제가 성립되어야만 '지구 나이 6000년'이라는 결론이 나올 수 있다. 그러나 이 두 전제가 과연 성립할 수 있을까?

성경은 인간의 속죄와 구원을 비롯해 세상을 살아가는 이치를 기록하고 있다. 영국 성공회는 성경은 "모두 옳다"라거나 "무조건 오류가 없다"라고 하지 않는다. 다만 "인간의 구원을 향한 메시지에는 오류가 없다"라고 명시한다. 기독교의 정통성을 지키되 각기 다른 분야에서 한계가 있음을 인정하겠다는 뜻이다.

그렇다. 성경에는 이 세상 모든 지식과 정보가 담겨 있지 않다. 지구의 나이를 측정하는 것도 마찬가지다. 모든 과학 지식이 담겨 있지 않은 성경을 바탕으로 지구의 나이를 정확히 측정하기란 사실상 불가능하다. 따라서 이러한 점에서 성경의 한계를 인정하고, 각종 과학 이론을 바탕으로 밝혀진 사실들은 인정할 수 있어야 한다.

더욱이 성경의 기록을 담당했던 것은 인간이다. 불완전한 인간의 속성이 기록 안에 드러날 수밖에 없다. 성경 속에 있는 한계와 오류를 인정하는 것은 인간의 불완전성을 인정하는 것이지 신의 오류를 인정하는 것이 아니다. 성경무오설과 같이 성경을 신격화하는 그릇된 종교심은 신을 높인다는 명목으로 인간이 스스로의 불완전함을 가리려는 오만함의 산물일 뿐이다.

02

삼박자 축복론과
한국 사회의 부패

'공관병 갑질 사건'으로 도마 위에 올랐던 박찬주 대장이 구속
됐다. 압수수색 과정에서 뇌물수수 등의 혐의가 포착되어 13년
만에 현역 육군 대장(4성 장군)이 구속되었다. 재판 결과를 지
켜봐야겠지만 갑질 논란에 이어 뇌물수수 혐의까지 받고 있
어 또 한 번 국민에게 충격을 안겨주었다.

그런가 하면 금품수수 혐의를 받은 이혜훈 의원은 바른정당
대표직을 사퇴했다. 이 전 대표는 혐의에 대해 "검찰 조사에
서 모든 진실을 밝히겠다"라고 했지만, 재판에서 법적으로 문
제가 없다고 판결하더라도 모 사업가의 진정서와 문자 내용
등을 미루어 봤을 때 국회의원으로서 지녀야 할 직업윤리 의
식을 저버렸다는 도덕적 비판은 면치 못할 것으로 보인다.

최근 가장 '핫'한 인물은 단연 이명박 전 대통령이다. 선거법 위반으로 국회의원직을 상실하고는 미국에 가서 BBK를 설립한 뒤 크게 한몫 챙긴 혐의를 받고 있는 그는 정·재계에 뻗어 있는 거미줄 인맥으로 서울시장은 물론 대통령까지 지냈다.

이들에게는 공통점이 있다. 바로 모두 기독교인이라는 점. 심지어 박찬주 대장과 이명박 전 대통령은 교회 장로다. 교회에서 치리治理를 담당하는 직분이다.

정치인을 비롯해 군인, 외교관 등 고위공직자 중 상당수가 기독교인이라 밝히지만, 기독교인이 가장 많다는 국회에는 여전히 온갖 비리와 부정부패가 끊이지 않는다. 이쯤 되면 한번 짚고 넘어가야 할 문제가 아닐까? 한국 기독교에 대체 무슨 문제가 있는 걸까? 왜 성공과 부귀영화에 사활을 걸고 불법도 불사하는 '무늬만 기독교인'들이 생겨나는 것일까?

삼박자 축복론의 탄생

영혼 구원, 물질의 풍요, 질병의 치유를 약속하는 '삼박자 축복론'은 여의도순복음교회를 개척한 조용기 목사의 구원론이다. 이는 '하나님 말씀'이 기록되어 있다는 성경을, 기독교인들이 시대가 원하는 가치관을 바탕으로 새롭게 해석한 논리로, 성경의 메시지와는 크게 상관이 없다. 엄밀하게 말하면 없는 얘기나 다름없다. 그런데 왜 이런 이론이 만들어진 걸까?

"모든 민족을 제자로 삼으라"(《마태복음》 28장 20절)라는 예수의 가르침이 있다. 예수가 제자들에게 마지막으로 남긴 당부이다. 그런데 한국 교회는 '모든' 사람을 전도하고 결과적으로 교회의 교인 수가 많아지는 것이 예수의 마지막 가르침이라고 여겼다. 한국 교회에서 '전도 폭발', '전도 훈련 학교' 같은 프로그램이 활발하게 진행된 것도 사람 숫자에 집중했기 때문이다.

많은 사람을 모으기 위해서는 뭔가가 필요했다. 사람들의 구미를 당길 행동 원리가 있어야 했다. '예수님을 통해 구원받고 영원한 생명을 얻는다'는 말만으로는 2퍼센트 부족해 보였다. 1950~1960년대에 우리나라는 세계에서 가장 못사는 나라 중하나였다. 잘살고 싶고 가난에서 벗어나고 싶은 마음이 왜 없었겠는가? 이러한 시대 배경은 교회가 부족한 2퍼센트를 무엇으로 채워야 하는지에 대한 해답을 제시했다. 물질의 축복,

바로 돈이었다.

성경을 보니 '믿음의 조상'이라 불리는 아브라함도 부자였고, 그의 아들 이삭, 또 이삭의 아들 야곱 모두 부자였다. 이런 식으로 하나둘씩 짜 맞춘 삼박자 축복론은 '하나님의 복을 받은 사람은 믿음을 통한 구원과 함께 물질의 축복도 받는다'라는 결론으로 이어졌다.

이뿐만이 아니었다. "사랑하는 이여, 나는 그대의 영혼이 평안함과 같이, 그대에게 모든 일이 잘되고, 그대가 건강하기를 빕니다"(《요한3서》 1장 2절(표준새번역))라는 구절을 통해 영혼이 잘되면 모든 일이 잘되고 건강까지 주신다고도 했다. '건강하기를 빕니다'라는 안부 인사를 어떻게 이런 식으로 해석할 수 있는지 의문이지만, '하나님을 믿으면 잘된다'는 레퍼토리를 만들어 내기에는 충분했다. 이러한 사례들이 성경에 심심치 않게 등장하기 때문이다.

가난과 굶주림에 허덕이던 사람들이 충분히 혹할 만했던 조용기의 논리는 삽시간에 퍼져나가 인간의 욕망을 뒤흔들었다. 너도나도 복을 받기 위해 교회로 모여들었다. 영국의 《이코노미스트》는 2007년 11월, 한국 교회의 급격한 양적 성장에 관한 칼럼을 실었다. 칼럼의 주인공은 여의도순복음교회의 담임목사였던 조용기. 삼박자 축복론과 한국 특유의 기복 신앙 '비나이다'가 이뤄낸 시너지 효과는 조용기를 당대 최고의 목사로 거듭나게 했다. 여의도순복음교회가 세계에서 가장 신도 수가 많으니, 자본주의적 관점에서 보면 삼박자 축복론이 급격한 성장에 걸맞은 동력을 제공한 셈이다.

그래서였을까? 너도나도 신도 수를 늘리고 교회 건물을 짓기 시작했다. 교회 크기, 신도 수, 경제력 등에 있어 더 크고, 더 많고, 더 부유한 것이 하나님의 축복이라 여겼다. 사회적 지위가 올라가면 올라갈수록 하나님의 축복이 더해지는 것이라고까지 믿었다.

물론 한국 교회에 삼박자 축복만 있었던 것은 아니지만, 여의도순복음교회가 그 규모만큼 영향력이 컸던 것도 사실이다. 수많은 교회가 영향을 받았고 지금도 마찬가지다. 한국 교회들이 대형 교회를 지향하고 있는 것, 세계 10대 교회 중 다섯 곳이 한국에 있다는 사실만 봐도 한국 교회가 얼마나 양적 성장에 무게를 두었는지 알 수 있다.

그러나 안타깝게도 삼박자 축복론은 허구다. 성경에 없는 얘기다. 조용기 목사의 주장은 '잘살아보세'라는 구호가 투영된, 극심한 가난 속에서 고통받는 이들의 그릇된 욕망에서 비롯된 것, 그 이상도 이하도 아니었다.

삼박자 축복론, 무엇이 잘못된 걸까

조용기는 구약성경에 등장하는 아브라함을 예로 들며, 그가
하나님의 말씀에 순종하여 거부가 되었으니 우리도 하나님의
말씀을 잘 따르면 거부가 될 수 있다고 했다. 아래는 조용기가
했던 설교의 일부다.

"아브라함도 거부였고 이삭도 거부였고 야곱도 거부였습니다만
거부는 타락한 것이 아닙니다. 하나님을 믿고 부자가 된 사람은 하
나님의 축복이 같이 따르는 것입니다. 하나님 없이 부자가 된 사람
은 그것이 저주가 되는 것입니다. 부자는 그 돈과 재물을 의지하므
로 하나님이 필요 없다고 말합니다. … 하나님 없이 되는 부자는
저주고 하나님 모시고 축복받은 부귀는 크나큰 축복입니다."

조용기는 부자를 두 가지로 나눈다. '하나님을 믿는 부자'와
'믿지 않는 부자'다. 그렇다면 열심히 일해서 돈을 모아 부자

가 된 사람이 나중에 하나님을 믿는다면 저주를 받았다가 다시 축복을 받는 것인가? 하나님을 믿는 누군가가 복을 받아 부를 얻었다면 가난한 기독교인들은 복을 받지 못했다는 것인가? 이처럼 조용기의 주장에는 해결될 수 없는 의문들을 제기할 수 있다.

삼박자 축복론이 성경적이라면, 한번도 부자처럼 살지 않았던 예수와 그의 제자들, 그리고 하나님을 믿었지만 가난했던 수많은 이들에 대해 설명할 수 있어야 한다. 그러나 삼박자 축복론은 소외되고 힘없고 연약한 이들에게는 관심이 없다. 부자가 되고 사회적으로 명성을 얻어 성공하는 것만이 축복이라고 여겼다. 이는 자기 목적에 맞게 성경을 이용한 것이나 다름없다.

삼박자 축복론의 결과

삼박자 축복론은 '예수를 믿는데 돈이 없거나 성공하지 못했다면 하나님을 올바르게 믿고 섬기지 않았기 때문'이라는 엉뚱한 결론을 낳았다. 사람들은 부자가 되는 것이 하나님께서 주시는 복이라 생각해 너도나도 부를 쌓았다. 이렇게 삼박자 축복론은 부와 지위를 축척하고자 하는 사람들의 욕망에 당위와 원동력을 제공했다.

부정부패 정치인들과 고위공직자들의 행태는 이러한 폐단에서 비롯한다. '예수를 믿고 부자가 되는 것은 축복'이라는 구호가 삼박자 축복론을 통해 포장되어 사람들이 부자가 되는 데 주력하도록 했다. 수단과 방법은 중요하지 않았다. 결과적으로 내가 부자인가 아닌가, 성공했는가 못 했는가가 하나님에게 받는 복에 대한 평가 기준이 되었다. 어떻게든 부만 쌓으면 된다는 식의 논리가 된 것이다.

이명박 전 대통령이 경제적으로는 부자가 되고, 정치적으로는 국가의 수장까지 하며 성공하려 했던 것은 복에 대한 '그릇된 믿음' 때문일 것이다. 그리고 그러한 그릇된 믿음의 근거를 만든 것은 기독교인, 특히 목사들이다. 잘못되었다고 생각도 못 했겠지만, 옳지 않다고 말하지 않으며 비호하기에 바빴던 이들의 책임이 가장 크다.

삼박자 축복론과 같은 한국 교회 내에 팽배한 복에 대한 개념은 상당 부분 성경적이지 않다. 부의 축적과 사회적 성공은 성경에서 말하는 '승리'의 개념과 정반대다. 성경은 "네 이웃을 네 몸과 같이 사랑하라"고 가르친다. 가진 것을 가난한 이들과 나누라고 가르친다. 순전한 마음으로 이웃을 섬기라고 가르친다. 기독교인에게 최고의 가치는 이웃과의 나눔이다. 그것이 하나님을 믿는 사람에게서 나오는 열매이자 결과라고 성경은 말한다.

부를 축적하고 사회에서 높은 지위에 오르는 것을 성공이라 일컫는 이들의 삶은 성경과는 아무런 관련이 없다. 성경을 이용해 자신의 욕구를 채울 뿐이다. 성경의 주된 내용을 왜곡하고 짓밟으면서 '하나님을 믿는다'고 하는 것은 위선일 뿐이다. 조용기를 비롯하여 그릇된 믿음을 심어준, 한국 교회를 대표한다는 목사들에게 본인들이 심어놓은 열매를 보라고 말하고 싶다. 오늘날 한국 사회의 부패에는 한국 교회의 책임이 크다.

조용기 목사의 부정과 비리

조용기 목사는 2008년 은퇴 직후부터 각종 부정부패 의혹에 휩싸였다. 주요 내용은 다음과 같다.

① 교회 재정 570억 원을 들여 설립한 '사랑과 행복 나눔 재단'을 '영산 조용기 자선재단'으로 변경하고 조 목사와 그 일가가 사유화함.

② 1992~1998년 순복음선교회에서 CCMM빌딩을 신축하면서 1633억 원을 교회 재정에서 가져갔으나 이 중 643억 원만 반환하고 990억 원은 미반환함.

③ 조 목사의 셋째 아들 조승제가 운영하는 인터내셔널클럽매니지먼트그룹이 CCMM빌딩 내의 스포츠센터와 음식점 등을 경영하면서 순복음선교회로부터 3개 층을 295억 원에 매입했다가 3년 뒤 다시 순복음선교회에 372억 원에 되팔아 77억 원의 부당 차익을 남김.

④ 2004~2008년까지 5년 동안 연간 120억 원씩 총 600억 원의 특별선교비를 지급받았으나 사용처가 불분명함.

이 외에도 《파리의 나비 부인》의 저자인 성악가 정 모 씨와의 불륜 사실을 무마하기 위해 15억 원을 주기로 한 각서가 공개되어 논란에 휩싸였으며, 실제로 3억 원씩 두 차례에 걸쳐 돈을 건넨 영수증도 공개되었다.

또 조 목사는 퇴직금 명목으로 교회에서 200억 원을 받았는데, 핵심 장로들도 이러한 사실을 알지 못했을 정도로 은밀하게 처리되었다. 조 목사는 교회에 156억 원 상당의 손해를 끼친 혐의로 기소되어 2014년 법원으로부터 징역 2년 6개월에 집행유예 4년을 선고받았다.

03

성범죄는 왜
교회에서 자주 벌어질까

얼마 전 온 국민을 충격에 빠뜨린 사건이 있었다. 딸을 이용해 후원금을 모금하고, 딸의 친구를 추행하다 살해하고, 자신의 아내는 성매매 현장으로 내몰았던 한 남자의 이야기. '어금니 아빠' 사건이다. 인간으로서 최소한의 양심조차 없는 행동에 사람들은 경악을 금치 못했다.

여성을 대상으로 한 강력범죄는 시대가 변하고 세대가 바뀌어도 좀처럼 누그러지지 않고 있다. 한국에서 벌어지는 강력범죄 중 80퍼센트 이상이 성범죄라고 하는데, 그 피해 대상의 90퍼센트 이상이 여성이다. 학교에서는 교수가 여제자들을 대상으로, 직장에서는 상사가 부하 여직원을 대상으로, 군에서는 상급지휘관이 여군을 대상으로, 가정에서부터 거대 조

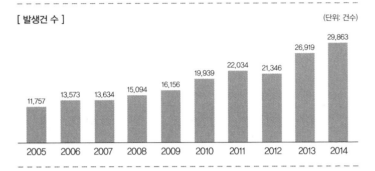

[발생건 수]　　　　　　　　　　　　　　　　　　　　(단위: 건수)

29,863

26,919

22,034
21,346

19,939

16,156

15,094

11,757　13,573　13,634

2005　2006　2007　2008　2009　2010　2011　2012　2013　2014

성폭력 발생 건수

자료: 대검찰청, 〈범죄분석〉

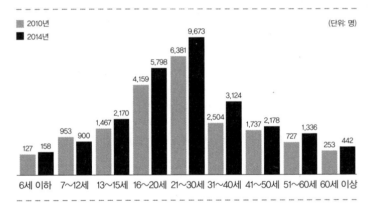

2010년
2014년　　　　　　　　　　　　　　　　　　　　　(단위: 명)

9,673

6,381

5,798

4,159

3,124

2,504
2,170　　　　　　　　2,178
1,467　　　　　　1,737　　1,336
953　900　　　　　　　　　　727　　　　253　442
127　158

6세 이하　7~12세　13~15세　16~20세　21~30세　31~40세　41~50세　51~60세　60세 이상

연령별 여성 성폭력 피해자

자료: 대검찰청(2011, 2015), 〈범죄분석〉

직에 이르기까지 곳곳에서 벌어지는 성범죄는 계속해서 증가
하는 추세다.

교회 안의 성범죄

그런데 다소 충격적인 통계가 공개되었다. 성범죄자의 직업을 분석해보니 전문직 종사자 중 가장 많은 수가 종교인이었고, 그중에서도 목사가 1위였다. 물론 조사 방법과 결과 분석에 문제가 있다는 지적도 있다. 하지만 이러한 지적이 무색하리만큼 목사들의 성범죄가 줄이어 드러나고 있다.

대표적인 예가 개그맨 문천식의 형으로 잘 알려진 늘기쁜교회의 문대식이다. 그는 지난 8월 여고생 성추행으로 구속됐다. 청소년 사역자이자 성 상담 및 관련 주제 강연자로 유명했던 그가 성범죄자였다는 사실에 많은 이가 큰 충격을 받았다.

라이즈업코리아Rise-Up Korea라는 선교단체의 대표인 이동현 역시 청소년을 대상으로 활동해왔는데, 과거 자신을 따르던 여고생을 오랜 기간에 걸쳐 수차례 강간했다는 사실이 밝혀져 목사직이 박탈됐다.

또한 1993년 신도 수 80명이던 삼일교회에 부임하여 2만여 신도에 달하는 대형 교회로 키운 전병욱이 있다. 그는 2010년, 구강성교 강요 등의 성추행 사건으로 삼일교회에서 사임했다. 그리고 기나긴 송사 끝에 2017년 9월 대법원은 전병욱이 여성 교인 다섯 명에게 자신의 지위를 이용하여 성추행을 저지른 사실을 인정하는 판결을 내렸다. 그러나 현재 전병욱은 대법원 판결에 어떠한 입장도 내놓지 않고 있는 가운데 마포구 홍대새교회에서 버젓이 목회 활동을 이어가고 있다.

비단 유명 선교단체나 대형 교회 목사에 국한된 일이 아니다. 지난해 자신의 아들이 아내가 다니던 교회 목사의 자식이라는 사실을 뒤늦게 알고 망연자실하던 한 남성의 이야기는 오늘날 교회에서 벌어지고 있는 성과 관련한 문제들이 이미 상식 수준을 넘어서 버렸음을 시사한다.

그나마 밝혀진 사례들은 언론을 통해 알려진 것뿐이다. 알려지지 않았을 뿐 곳곳에서 벌어지고 있는 성범죄가 얼마나 많겠는가? 사회에 모범과 본이 되어야 하는 교회, 신앙뿐만 아니라 윤리적인 면에서도 기준을 제시할 수 있어야 하는 교회가 어쩌다 이렇게까지 되었을까? 교회의 리더라 불리는 이들에게 무슨 일이 있었던 걸까? 이런 일이 가능하게 된 근본적인 이유는 무엇일까?

여자는 '돕는 배필'?

한국은 오늘날에도 남성이 여성을 지배하는 사회·문화적 구조다. 조선 시대를 지배했던 유교를 통해 '삼종지도三從之道'를 가르쳐왔고, 여성은 결혼 후 출가외인으로 취급받았다. 여성을 독립된 인격체로 여기기보다는 전유물에 가깝게 취급해왔다. 이러한 사고는 현대에 이르러서도 우리 사회 곳곳에, 개개인의 인격과 삶에 스며들어 이제는 그 형체를 분별할 수조차 없을 정도로 내면화되었다.

이와 같은 사회·문화적 배경 속에서 기독교가 한국에 전파되었을 때 성경은 성경 자체로서의 뜻을 발현할 수 없었다. 특히 여성에 대한 인식과 해석이 그랬다. 성경을 번역하고 해석하던 이들도 대부분 남성이었기에 더욱 그랬다. 여성에 대한 차별의식이 자연스럽게 교회 안으로 들어올 수 있었던 가장 큰 원인이 바로 여기에 있다. 그렇게 남성들은 교회 내에서의 직분과 지위를 바탕으로, 여성에 관한 성경 구절을 성경에서 말하는 그대로가 아닌, 그동안 자신들이 배우고 익혀왔던 방식으로 해석하고 인용해왔다. 몇 가지 사례를 살펴보자.

성범죄는 왜 교회에서 자주 벌어질까

"여호와 하나님이 이르시되 사람이 혼자 사는 것이 좋지 아니하니 내가 그를 위하여 돕는 배필을 지으리라 하시니라."

《창세기》 2장 18절(개역개정)

위 성경 구절을 근거로 그동안 한국 교회의 수많은 목사는 여성을 성경에 표기된 그대로 '돕는 배필', 즉 '도와주는 보조자' 정도로 이해했다. 따라서 교회 주방에서 밥하고 설거지하는 일은 오롯이 여성의 몫이었다. 청소와 꽃꽂이 등 다양한 허드렛일을 하는 이들이 대부분 여성이라는 점도 전혀 놀라운 사실이 아니다. 남성은 대부분 목사와 장로로, 여성은 '일하는' 권사와 집사로 구분되어 역할을 분담하게 된 것도 위의 성경 구절이 있기에 가능했다. 만약 남편이 목사라면 아내인 여성은 자신의 꿈을 포기하고서라도 '사모'로서 남편을 돕는 역할을 하도록 강요 아닌 강요를 받게 된 것도 이 같은 해석 때문이다.

하지만 '돕는 배필'이라고 번역된 히브리어 단어 중 '에제르'(또는 '이저')는 정확히는 '협력자'라는 뜻이다. 여기서 말하는 협력자는 힘든 일이 있을 때 옆에서 함께 위로하고 안식할 수 있도록 도와주는 '친구'이자 '동반자'의 개념이다. 이는 단순히 옆에서 도움이나 주는 보조자의 역할과 구분된다. 구약 성경에서 신(하나님)을 묘사할 때도 '에제르', 즉 인간에게 있어 '협력자'라는 표현을 사용한 사실을 고려하면 '돕는 배필'이라는 단어는 수직·상하 관계가 아닌 수평적 관계를 나타내는 표현임을 알 수 있다.

여자는 교회에서 잠잠하라?

"여자는 교회에서 잠잠하라. 그들에게는 말하는 것을 허락함이 없나니 율법에 이른 것 같이 오직 복종할 것이요."

《고린도전서》 14장 34절(개역개정)

위의 구절은 주로 여성의 입지를 좁히는 데 사용되어왔다. 특히 '잠잠하라'는 단어에 초점을 맞추어 여성은 남성이 하는 일에 끼어들지 말고, 토를 달지도 말고 조용히 따라야 한다고 가르쳤다. 하지만 위 구절은 교회 내에서 남녀 관계의 역할 구조를 알려주기 위해 쓰인 것이 아니다.

당시 고린도는 그리스의 중앙부와 펠로폰네소스 반도를 연

성범죄는 왜 교회에서 자주 벌어질까

결하는 전략적 요충지로 교통의 중심지이자 지중해 최대의 상업 도시였다. 그러나 번영을 누리며 부유했던 만큼 사람들은 방종했고, 음탕하고 문란했다고 한다. 고린도에는 여신 아프로디테(비너스)를 숭배하던 신전이 있었는데, 당시 이 신전에서는 1000명에 가까운 여성 사제들이 지역 주민뿐 아니라 외국인을 상대로 종교 행위를 가장한 매춘을 했다. 따라서 도덕적 행실에 대한 강도 높은 경고와 교훈이 필요했다. 그러므로 여기에 등장하는 "여자는 … 잠잠하라"라는 말은 보편적

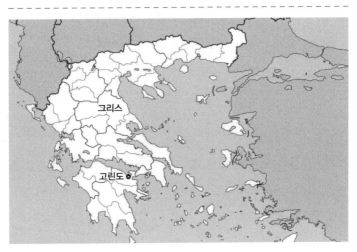

사도 바울은 고린도에서 활발한 전도 활동을 했으며 전도 기간 동안 《고린도전서》와 《고린도후서》를 작성했다.

여성을 대상으로 한 말이 아니라 고린도라는 '특정 지역, 특정 시대의 여성'을 지칭했던 말이다.

하지만 위 구절은 시대 배경에 대한 이해와 문맥에 따른 분석 없이 낱말 그대로 번역되어 여성에게 적용되었다. 성경에 등장하는 수많은 여성 지도자에 대한 설명 없이 단지 저 구절이 있다는 이유로 여성은 차별받아야 했다. 지금도 여성이 목사가 되는 것을 금하는 교단이 있는 것도 이러한 해석이 뒷받침되기 때문이다.

아내들이여, 남편에게 복종하라?

"아내들이여 자기 남편에게 복종하기를 주께 하듯 하라. 이는 남편이 아내의 머리 됨이 그리스도께서 교회의 머리 됨과 같음이니 그가 바로 몸의 구주시니라. 그러므로 교회가 그리스도에게 하듯 아내들도 범사에 자기 남편에게 복종할지니라."

《에베소서》 5장 22~24절(개역개정)

사실 위에 언급된 '복종하기~하라'는 그리스어 원문 성경

성범죄는 왜 교회에서 자주 벌어질까

에는 없는 단어다. 원문을 그대로 번역하면 "아내들이여 자기 남편에게 주게 하듯"이 맞다. 즉, '복종하라'는 동사가 빠져있다. 하지만 그리스어 문법에서는 동사가 문장에 있지 않거나 생략되면 이전 문장의 동사와 함께 사용될 수 있다. 따라서 "남편에게 복종하기를"의 '복종'은 그 이전 구절인 《에베소서》 5장 21절("그리스도를 경외함으로 피차 복종하라")의 '복종하라'라는 동사를 빌려서 해석한 것이다.

여기서 사용된 '복종하라'는 교회 내 구성원들 사이의 상호복종을 의미한다. 예수를 따르고 경외하는 데 집중하라는 뜻으로 사용된 동사다. 따라서 22절의 동사는 21절의 동사를 가져다 사용한 것이기 때문에 문맥상 '복종' 혹은 '순종'이라고 해석할 수는 있지만 의미가 같지는 않다. 이에 대해 미국 풀러 신학교의 김세윤 박사는 남편에 대한 복종이 아니라 '서로서로 복종하라'라는 뜻에 더 무게가 실려야 한다고 주장한다.

또한 위 구절에 나오는 '머리'는 그리스어로 '케팔레'라고 표기되어 있다. 이 단어는 '주춧돌cornerstone'이라는 뜻으로도 번역되는데, 이는 수직적 종속의 의미라기보다는 수평적 관계 속에서 역할의 차이를 나타낸다.

사실 '머리'를 '권위', '권세'로 해석하느냐 '근원', '원천'으로 해석하느냐에 따라 이견이 분분하다. 여기서 참고해야 할 중요한 부분이 《고린도전서》 11장에 등장한다. 바로 "그리스도의 머리는 하나님"이라는 표현이다. 만약 여기서 사용된 '머리'라는 단어가 주종의 관계를 뜻하는 '권위', '권세' 등으로 해석된다면 하나님과 예수의 관계도 종속 관계로 해석되어야 한다. 하지만 기독교 교리에서 하나님과 예수는 주종 관계로 이해되지 않는다. 따라서 여기서 사용된 '머리'라는 단어는 '권세'보다는 '근원' 혹은 '원천'으로 해석하는 편이 적합하다. 이는 역할의 구분만 있을 뿐 수직·상하 관계가 아님을 뜻한다.

교회는 여전히 여자의 머리는 남편이고, 머리가 명령하는 것을 팔과 다리가 따르듯이 여성도 남성의 뜻에 따라야 한다고 가르친다. 그러나 이러한 가르침은 성경의 뜻을 왜곡할 뿐만 아니라 오히려 성경과 반대되는 메시지를 전달한다.

사회의 축소판이 된 교회

성경은 있는 그대로 해석되지 못했다. 특히 여성에 대해서는 더욱 그랬다. 성경이 번역되고 해석되는 과정에서 언어가 속한 사회적 배경이 성경 해석에 영향을 끼쳤다. 결국 한국 사회의 남존여비 사상이 잘못된 성경 해석을 통해 고스란히 교회로 들어왔다. 교회에서 여성이 하찮거나 쉬운 상대로 여겨져 성범죄의 대상이 된 것도 이러한 성경 해석에서 근본 원인을 찾을 수 있다.

이러한 가르침을 받은 남성들, 특히 리더라 불리는 목사들은 여성을 자신의 명령에 복종해야 하는 존재로 여겨왔다. 그들에게 여성은 상대적으로 하찮고 상대하기 쉬운 대상이다. 강자가 약자에게 행하는 성범죄가 교회에서도 일어나는 데에는 이러한 그릇된 성경 해석과 여성관이 근간을 이루고 있다.

성경을 통해 내가 하고 싶은 말을 하려고 할 때 교회는 사회의 기준이 되는 것이 아니라 사회가 낳은 결과물을 그대로 따라 낳는, 사회의 축소판이 될 수밖에 없다. 한국 사회가 성범죄로 골머리를 앓고 있는 것처럼 교회도 같은 문제로 윤리적 한계치에 도달하게 된 것은 결코 우연이 아니다.

04

양아치 세습 –
한국 목사는 대체 왜 이럴까

2017년 11월 12일, 한국 장로교회를 대표하는 대형 교회인 명성교회가 부자 세습을 강행했다. 종교개혁 500주년을 맞이하는 시점에 진행된 이번 세습은 거센 후폭풍과 함께 교계뿐 아니라 한국 사회 전체에서 주요한 이슈로 떠오르고 있다. 기독교 언론은 물론이거니와 주요 언론사들이 앞다투어 명성교회 세습 문제를 다루고 있으니 그야말로 뜨거운 감자다.

조금 새삼스러운 면도 없지 않다. 담임목사 세습은 이미 한국 교계에서 오래전부터 문제 제기되어온 사안이기 때문이다. 교회개혁실천연대와 《중앙일보》가 함께 조사해 발표한 통계에 따르면 현재까지 세습을 완료한 교회가 전국에 306개나 된다. 더욱이 세습방지법이 제정된 뒤에 편법으로 세습을 강행한 교회만 해도 무려 143곳이다. 이렇듯 세습은 알게 모르게 계속 존재해왔다.

그런데 왜 갑자기 세습이 화제가 된 걸까? 이미 수없이 많은 중대형 교회들이 세습을 해왔음에도 유달리 명성교회 세습이 주목을 받은 이유는 무엇일까? 이미 여러 전문가가 몇 가지 원인을 제시하고 있지만, 그중에서도 가장 주요한 이유는 두 가지, '괘씸죄'와 '편법사용죄'이다.

지난 몇 년간 한국 교계는 은퇴를 앞둔 김삼환 목사의 뒤를 이어 누가 10만 성도 교회의 지도자가 될 것인가에 집중했다. 끊임없이 세습 가능성을 점치는 이들도 없지 않았지만, 한동안 김 목사는 세습은 하지 않겠다는 입장을 고수해왔다. 그의 아들인 김하나 목사 역시 세습에 대한 부정적 의견을 피력해왔다.

하지만 어느 시점부터 김 목사는 후임 목사 청빙에 대해 침묵하기 시작했다. 이전에 고수했던 '세습은 하지 않겠다'는 입장도 내비치지 않았다. 그리고 얼마 뒤 이미 결정된 사안이 아니냐는 세간에 떠돌던 추측은 사실이 되었다. 지난 11월 12일 날치기로 세습을 강행한 것이다. 명성교회 교인들조차 당일 안내지(주보)를 보고 담임목사 취임식을 알았다고 하니 배신

감이 컸으리라.

이러한 '괘씸죄'보다 더 큰 문제는 '편법사용죄'다. 명성교회는 세습을 위해 택한 방법에서 심각한 도덕성 결여를 보였는데, 이는 그동안 명성교회가 쌓은 영향력을 단숨에 엎어버릴 만했다. 2014년 김삼환 목사는 아들 김하나 목사에게 새노래명성교회를 개척하게 했다. 그리고 3년 뒤 아버지 목사는 명성교회 담임목사 청빙 과정에서 아들을 후보자로 지목하여 청빙하는 방법으로 세습 아닌 세습을 진행했다. 물론 법적으로는 문제없는 '청빙' 과정을 통한 것이다. 후보자를 면밀히 검토해 최종적으로 김하나 목사를 청빙하기로 한 것이니 아들 목사의 명성교회 부임은 부자 세습이 아니라 위원회의 적법한 절차를 통해 이뤄진 엄연한 청빙이라는 것이 명성교회의 주장이다. 하지만 명성교회와 김 목사 부자가 선택한 세습은 자신들이 원하는 결과를 만들고자 법의 허점을 이용하며 수단과 방법을 가리지 않은 치졸한 행위였다.

가수 유승준의 사례를 기억할 것이다. 당시 전 국민의 사랑을 받던 유승준은 평소 군 복무에 대한 소신 발언으로 신뢰를 얻었지만, 돌연 미국 시민권 취득이라는 초강수 편법을 이용해 군 복무를 면제받아 사람들을 충격에 빠뜨렸다. 이후 거센 비난을 받은 유승준이 국민을 속인 '괘씸죄'와 미국 시민권 취득이라는 '편법사용죄' 때문에 입국이 거부되기까지 한 것을 생각해보면, 이번 명성교회의 세습이 단순한 비난 정도로 마무리될 것 같지는 않다. 그렇지만 문제는 이를 저지할 수 있는 세력도, 단체도, 법 기관도 없다는 점이다. 유승준은 입국 거부라도 할 수 있지만, 명성교회의 세습을 저지하기 위해 할 수 있는 일이 아무것도 없다는 사실이 더 큰 문제다.

목사에 대한 인식의 문제

왜 이와 같은 문제가 발생하게 된 걸까? 사유화, 부정부패, 감시 기관의 부재 등 이번 명성교회 세습과 관련해 다양한 원인이 제기되고 있다. 그중에서도 가장 큰 문제는 바로 '목사'에 대한 올바른 이해가 결여되어 있다는 데 있다.

한국 교회에서 목사는 최고 지위를 갖는다. 교회는 '신(하나님)' 그리고 '인간의 구원'이라는 주제를 다루는 영적·정신적 공동체다. 일반 기업이 이윤 창출을 위해 존재한다면, 교회는 영적 활동을 위해 존재한다. 이런 측면에서 교회는 '영적 권위'를 중요시하는데, 현재 한국 교회에서 목사는 '하나님의 말씀을 대신해서 전한다'(설교)는 미명 아래 절대적인 영적 권위를 누린다. 더불어 목사는 교회의 의사 결정 기관인 '당회堂會'의 장으로서 모든 행정적 결정권을 행사한다. 당회는 '예배당의 회의 기구'라고 할 수 있는데, 나라마다 형태는 다르지만 국회가 있고 국회의원이 국가의 중대사를 결정하듯이 교회에도 당회가 있고 목사와 장로가 신도들을 대표하여 당회원으로서 교회에서 벌어지는 전반적인 업무와 중요 사안을 결정한다. 이때 담임목사는 당회의 장으로서 최종 결정권을 갖는다.

다시 말해 한국 교회는 모든 권력이 목사에게 집중되어 있다. 국가는 4년이나 5년마다 선거를 통해 국회의원이나 대통령을 교체할 수 있지만, 목사는 종신직이라 평생 자리와 권력을 유지할 수 있고, 교회 운영 전반에 대한 감시 기관도 없기에 목사의 권력에 도전할 사람도 세력도 없다. 오죽하면 교회마다 교황이 존재한다는 말까지 나왔겠는가?

과연 이처럼 목사에게 권력이 집중되는 것이 바람직한 현상일까? 이러한 모습이, 기독교가 진리라고 믿고 있는 신앙의 기준인 성경을 기반으로 한 이해에서 비롯된 것일까? 결론부터 말하자면, 아니다.

목사는 양치기다

교회에서 사용하는 다양한 개념은 성경을 근거로 한다. 목사라는 직분도 마찬가지여서 성경에 등장하는 단어들을 바탕으로 그 뜻이 결정되었다. 성경에 '목사'라는 단어가 등장하는 대목 중에서 가장 대표적인 것이 다음의 구절이다.

> "그분이 어떤 사람은 사도로, 어떤 사람은 예언자로, 어떤 사람은 복음 전도자로, 또 어떤 사람은 목사와 교사로 삼으셨습니다."
>
> 《에베소서》 4장 11절(표준새번역)

여기서 '목사'라고 번역한 그리스어 단어는 영어로는 'shepherd'(목동, 양치기)라고 번역한다. 라틴어도 'Pastor', 즉 'to feed'(먹이다)가 본래 단어의 뜻이다. 그런데 우리말로 번역되면서 '양치기'가 '목사'로 된 것이다. 목사牧師는 특정 대상을 다스리는 행위를 상징하는 '목牧'과 스승이나 벼슬아치를 뜻하는 '사師', 두 한자의 조합이다. 그 뜻을 풀어보자면 '특정한 대상을 다스리는 스승이나 벼슬' 정도로 해석할 수 있다. 이처럼 그리스어 원문 성경에 기록된 '양치기'와 우리말로 번역된 '목사'는 의미도 뜻도 반대 성향을 띤다.

성경이 그리스어와 라틴어로 기록될 당시 '양치기'는 양의 주인이 소유한 노예로, 맡겨진 양을 관리하고 키우는 사람이었다. 일반적으로 양은 개인의 소유가 아니라 마을 공동 소유인 경우가 많았기에 양치기는 주어진 역할을 담당할 뿐 양에 대한 권리가 전혀 없었다. 벼슬은커녕 사회적으로 최하위 계급이었다. 이러한 점을 고려해보면, '목사'라는 단어 자체가 얼마나 큰 오해를 불러일으키는지 쉽게 알 수 있다(참고로 구약성경에 등장하는 다윗도 형제들 중 막내이면서 집안에서 가장 서열이 낮았을 때 직업이 양치기였다).

이처럼 성경에 쓰인 '양치기'라는 표현은 우리말의 목사, 즉 '다스리고 관리하는' 군림의 성격을 띠는 단어와는 상당히 상반된 이미지다. 성경적으로 '목사'는 위보다는 아래를 지향한다. 내적으로는 밤새도록 외로움을 이겨내야 하고, 외적으로는 맹수들로부터 목숨을 걸고 양 떼를 지켜야 하는 양치기의 헌신과 봉사 의미가 담겨 있다.

'목사'라고 번역되는 'minister'라는 단어 역시 그리스어 원문 성경에서는 서로 다른 세 단어, '노동자' '공공노동자' '노 젓는 사람'을 뜻한다는 점을 감안한다면, 원래 성경의 '목사'

라는 단어는 우리말과 상반된 뜻임을 알 수 있다.

양치기는 어떻게 성직자가 되었나

기독교가 당대 최고의 제국인 로마의 국교로 지정되면서, 이전까지 지하에서 남몰래 모여 예배를 드렸던 기독교인들은 더 이상 숨을 필요가 없었다. 그렇게 세상에 등장한 기독교인이 예상보다 많았고, 로마 황제는 그 세력이 필요했다. 콘스탄티누스가 313년 밀라노 칙령을 통해 기독교 박해에 종지부를 찍은 것도 사실 그의 기독교 신앙 때문이 아니라 세력이 커가던 기독교인들의 도움이 필요했기 때문이었다.

이후 기독교가 로마의 국교가 되는 과정에서 기독교는 대중이 쉽게 이해할 수 있는 체계적인 교리가 필요했다. 또한 그 교리를 바탕으로 모이는 공동체 조직을 관리할 관리자도 필요했다. 그리하여 등장한 계급이 바로 '성스러운 직분을 가진 자', '성직자聖職者'다.

이처럼 교회에서 '목사'와 같은 직분자를 '성직자'라고 부르게 된 것은 종교의 체계화를 통해 보다 확대된 세력을 흡수하고자 했던 정치적·세속적 필요 때문이었다. 그렇게 392년 테오도시우스에 의해 기독교가 로마의 국교가 됨으로써 교회와 정치가 맞물려 돌아가게 되었고, 성경에 등장하는 '양치기'는 '성직자'가 되어 권력을 갖게 되었다. 이처럼 '성직자'라는 개념은 성경을 기반으로 해석된 것이 아니라 세속적인 정치 세력에 의해 확장된 오해에 불과하다.

이러한 오해는 1000년이 넘도록 중세 교회가 체계화·조직화하고, 사회를 지배하고 국가를 운영하면서 지속되었다. 이 시기에 기독교 원리가 유럽의 국가 운영에 중요한 역할을 하기도 했지만, 세속화된 교회는 권력을 장악하고 타락의 길로 접어들었다. 물론 그 중심에는 성직자가 있었다.

그렇게 성직자라는 개념이 서구 사회 전반에 만연해지고, 한국에 전해진 기독교에서도 목사는 교회 조직을 이끄는 리더이자 우두머리인 '성직자'로 인식되었다. 한국 교회에서 목사가 강자가 된 것은 '성직자'로서의 역할에 중점을 두기 때문이다.

종교개혁이 일어나기 전까지 중세의 교회는 현재 한국 교회에서 벌어지는 일들을 대부분 경험했다. 헌금 횡령, 각종 성범죄, 사기 등 온갖 종류의 부정부패가 횡행했다. 면죄를 받고 천국에 갈 수 있는 티켓을 팔기까지 했으니, 게다가 거액을 주고 그 티켓을 사는 사람들이 많았으니, 더 이상의 추락이 상상도 안 가는 상황이었다. 그런데 아쉽게도 지금 한국 교회의 상황이 딱 중세 교회와 모습을 같이 한다. 21세기 한국 교회는 십일조를 강요하고, 목사는 배임, 횡령, 사기에 각종 성범죄로 얼룩져 있다. '양치기'가 '성직자'가 되어 법도 무시하고 세습도 하고 잘못을 해도 아무런 처벌도 받지 않는 절대 권력을 행사한다.

성직자를 다시 '양치기'로

미국을 제외한 서구의 기독교는 종교개혁 이후 이러한 '성직'의 개념을 교회에서 쫓아냈다. 계층적인 '성직자' 개념이 사라지고 신 앞에 모든 사람이 평등하다는 평등주의와 민주주의를 향한 뿌리 깊은 본능도 일깨워주었다. 교회는 성서를 해석할 권한을 특정 계급에 국한하지 않았고, 성직이라고 하여 '목사'를 계급화하지 않았다. 그러면서 성직자에게 부여된 권한은 거의 사라졌다. 현재 유럽의 기독교에서 '목사'가 정치적으로 권력을 갖거나 교회를 사유화하여 세습하는 행위를 찾아보기 힘든 이유다.

해방 이후 한국은 산업화가 진행되는 과정에서 도시화가 이뤄지고 특정 지역에 인구가 밀집되는 현상이 나타났다. 이러한 변화는 교회의 형태도 변하게 했다. 한국식 대형 교회가 등장하기 시작했다. 많은 사람을 효과적으로 통제하기 위해서는 권력의 집중화가 필요했다. 당시 독재 정권하에서 권위주의 리더십에 심취해 있던 대중도 잘 짜인 설교와 강력한 지도력을 가진 '카리스마적 리더십'의 목사들에게 매혹되었다. 그리하여 특정 교회에 사람이 몰리고 헌금도 많이 쌓여갔다. 이 과정에서 목사는 '성직자'를 넘어 대기업 총수와도 같은 입지를 다졌다. 양치기가 성직자를 넘어 CEO가 되어버린 것이다.

종교개혁 500주년이 지난 지금, 종교개혁 정신을 이어받았다고 하는 한국 교회는 가장 반종교개혁적이다. 그중에서도 특히 직분 간의 서열과 계급이 존재하는 점, 목사에게 권력이 집중된 점은 개혁이 시급하다. 그러기 위해서는 먼저 '목사'라는 직분에 대한 새로운 인식이 필요하다. 목회자는 군림하던 자리에서 내려와 '양치기'로서의 임무를 수행해야 한다.

"그분이 어떤 사람은 사도로, 어떤 사람은 예언자로, 어떤 사람은 복음 전도자로, 또 어떤 사람은 목사와 교사로 삼으셨습니다. 그것은 성도들을 준비시켜서 봉사의 일을 하게 하고, 그리스도의 몸을 세우게 하려고 하는 것입니다. 그리하여 우리 모두가 하나님의 아들을 믿는 일과 아는 일에 하나가 되고, 온전한 사람이 되어서, 그리스도의 충만하심의 경지에까지 다다르게 됩니다."

《에베소서》 4장 11~13절(표준새번역)

05

종교인 과세,
개신교는 왜 반대할까

명성교회 세습과 더불어 '종교인 과세'가 화제다. 이 역시 최근 들어 불거진 사안은 아니다. 이미 오래전부터 논의돼왔으나 보수 개신교계의 반대로 번번이 무산되었다. 2015년 소득세법이 개정되었고 2018년부터 종교인에 대한 과세가 시행될 예정이지만, 보수 개신교계의 지속적인 반대로 난항이 예상된다.

사실 교회는 국가적 차원에서 법으로 규제하기 전에 자발적인 납세를 통해 자체적으로 투명하게 조직을 운영했어야 했다. 하지만 지금까지 한국 교회는 '종교의 자유'와 '정교분리' 원칙을 내세우며 법망을 피해 수많은 혜택을 누려왔다. 그 결과 내로라하던 교회의 목사들이 횡령이나 사기 혐의로 구속되기도 했다. 성경에 기록되어 있듯이 가장 '흠잡을 데 없는' 사람이어야 했던 목사들이 상식적으로도 납득하기 어려울 만큼 '흠잡을 데 많은' 사람이 된 것이다.

"그렇지 않은 목사도 많다" "양심을 지키고 사는 목사도 많은데 일부의 일탈을 너무 과장하는 것 아니냐"라며 성급한 일반화의 오류를 지적하기도 한다. 하지만 양심적으로 수사하는 검사들이 있음에도 끊임없이 검찰 개혁이 요구되는 것을 보면 일반화라고 보기에도 무리가 있다.

결론부터 말하자면, 종교인 과세는 왈가왈부할 영역이 아니다. 왜 세금을 내야 하느냐고? 답은 매우 간단하다. 국민의 의무니까. 그 이상의 답변은 필요치 않다. OECD에 가입한 30개국 중 종교인에게 납세 의무를 부여하지 않는 나라는 우리나라뿐이다. 그럼에도 한국 교회는 종교인 과세를 반대하고 있다. 대체 왜 그러는 걸까?

"나는 제사장이다!"

목사들이 납세를 반대하는 가장 근본적인 이유는 자신들은 돈을 벌기 위해 일하는 '노동자'가 아니라는 독특한 우월 의식 때문이다. 스스로 '하나님의 종'으로 신의 부름을 받았다 여기는 이러한 가치관은 자신이 남보다 중대한 사명을 갖고 특별한 소명에 따라 일한다는 직업윤리 의식을 만들어냈다.

이러한 우월 의식의 주된 근거는 성경이다. 구약성경에 등장하는 제사장과 목사를 동일시해 정당성을 갖게 했다. 수천 년 전 이스라엘에서 행하던 제사를 21세기 교회 예배와 접목해 제사장의 역할이 곧 목사의 역할인 것처럼 둔갑시킨 것이다. 누가 언제부터 이런 주장을 해왔고, 왜 이러한 주장이 타당하다고 믿게 되었는지는 정확히 알 수 없다. 하지만 어느 때부터인가 구약의 제사장과 목사의 역할이 연결된다는 주장이 받아들여지면서 목사는 민주주의 사회에서 유례없는 계급 사회의 수장으로 거듭날 수 있었다.

제사장직과 목사직을 일치시킴으로 목사가 얻을 수 있는 유익은 크게 두 가지다. 하나는 절대 권력을 얻을 수 있다는 점이고, 다른 하나는 헌금을 재량껏 운용할 수 있는 권한을 갖게 된다는 점이다.

먼저, 절대 권력을 보자. 구약성경에서 신은 제사장을 다른 이들과 특별하게 구별한다. 제사장은 백성이 하나님께 제사를 드릴 때 이를 주관하는 자로 이스라엘 백성 중에서도 특수 계급에 속한다. 따라서 목사가 제사장과 같은 역할을 한다면 목사 역시 다른 신도들과 구별되는 특별한 계급이라고 여기게 된다. 결국 목사를 비판하거나 반대 의견을 제시하는 행동은 하나님의 뜻을 거스르는 것이라는 주장이 가능해진다. '제사장=목사'라는 공식이 성립된다면 목사의 뜻이 곧 하나님의 뜻이 될 수도 있다. 이 얼마나 매력적인 제안인가!

부자 세습을 마친 명성교회의 김삼환 목사가 "교인은 '하나님' '교회' '담임목사' 중심이다"라고 했던 말은 이러한 특권의식을 보여준 결정적 사례다.

다음으로, 헌금 운용을 보자. 구약성경을 보면 제사장은 이스라엘 백성이 드린 제물의 일부를 자신의 몫으로 가질 수 있었다. 《민수기》18장 28절(표준새번역)에는 다음과 같이 기록되어 있다.

"이렇게 너희는 이스라엘 자손에게서 받는 모든 것에서 열의 하나를 떼어, 나 주에게 들어 올려바치는 제물로 드리고, 나 주에게 드린 그 제물은 제사장 아론의 몫으로 돌려라. 너희는 주의 몫으로는 너희가 받는 모든 것 가운데서 가장 좋고 가장 거룩한 부분을, 들어 올려바치는 제물로 모두 바쳐야 한다."

이 구절은 다음 두 가지 해석을 가능하게 한다.

① 하나님께 드리는 제물(십일조)은 곧 제사장의 몫
② 가장 좋은 것은 곧 제사장의 몫

따라서 '목사＝제사장'의 공식만 성립한다면, 신도들이 낸 십일조 중 일부는 목사의 몫이라는 논리가 성립한다. 또 교회의 신도 수가 늘어나고 헌금의 액수가 커질수록 목사는 더 많은 대가를 요구할 수도 있다.

실제로 목사가 자신을 '제사장'이라고 하면서 헌금을 마음대로 사용한 사례가 있다. 서울시 양천구 제자교회의 담임목사였던 정삼지 목사는 교회 돈 32억을 횡령했는데, 그러고도 그가 당당할 수 있었던 것은 목사는 제사장직을 계승한다는 성경 해석이 바탕에 있었기 때문이다.

하지만 신약성서만 보더라도 이스라엘의 선민 사상과 더불어 제사장의 특별한 지위가 예수의 등장으로 사라졌음을 쉽게 알 수 있다.

"내가 율법이나 예언자들의 말을 폐하러 온 줄로 생각하지 말아라. 폐하러 온 것이 아니라 완성하러 왔다."

《마태복음》5장 16절

제사장은 고대 제정일치祭政一致 사회에 존재했던 최상위 계급으로서 특권이 있었다. 그러나 지금은 제정이 분리되어 있다. 모든 상황과 여건이 달라졌다. 성경적으로도 예수의 등장으로 구약의 예언과 율법이 완성·종결되었기 때문에 교회에서도 이제 제사장의 역할은 존재하지 않는다. 따라서 '제사장=목사'라는 공식으로 구약과 신약을 억지스럽게 연결지을 수 없다.

십일조에 대한 이해도 마찬가지다. 구약성경에서 언급하는 십일조 역시 신약 시대로 접어들면서 제사장직의 종결과 함께 사라졌다. 예수도, 예수의 제자들도, 심지어 신약성경을 가장 많이 기록한 바울도 십일조에 대해 언급하지 않는다.

무엇보다 성경에서 말하는 십일조는 단순히 수입의 10분의 1을 바치라는 데 그치지 않는다.

"너희는 온전한 십일조를 창고에 들여놓아 내 집에 먹을거리가

넉넉하게 하여라. 이렇게 바치는 일로 나를 시험하여, 내가 하늘
문을 열고서 너희가 쌓을 곳이 없도록 복을 붓지 않나 보아라."

《말라기》 3장 10절(표준새번역)

위 구절은 이스라엘이 페르시아의 식민 지배를 받던 기원
전 5세기 후반 '말라기'라는 선지자가 전한 말이다. 이스라엘
의 지도자들은 권력에 붙어 부정부패가 심했고, 백성은 지배
국인 페르시아로부터 극심하게 착취당했다. 바빌론의 포로로
끌려갔다 돌아온 이스라엘 백성에게는 더 이상 신앙도 의식
도 없었다.

이러한 상황에서 말라기는 지도자들을 책망하고 백성에게
는 신앙을 회복하라고 권유하며 하나님께 드리는 제사와 십
일조에 대해 언급했다. 부패한 지도자를 책망하는 한편 백성
에게는 세금을 잘 내서 국가가 잘 운영될 수 있도록 하라는 뜻
에서 위의 구절을 전했다. 당시 이스라엘에서 십일조는 세금
과 같은 성격을 띠었다. 제사장의 임금을 지급하고 나머지는
백성을 위해 사용했다. 공무원 급여와 국민 복지 비용 정도였
던 셈이다.

성경에서는 목사와 제사장을 동일시할 만한 어떠한 증거도

찾을 수 없다. 목사는 제사장이 아니다. 특별한 권력도, 교회 헌금을 임의로 유용할 권한도 없다. 교사나 교수는 학생들을 가르치는 소명을 받았으니 세금을 면제해줘야 한다는 주장이 타당하지 않듯이 목사가 갖는 소명 의식이 특별하다고 해서 세금 납부를 거부하는 것은 잘못된 성경 이해에서 비롯한 주장일 뿐이다. 더욱이 성경은 목사뿐 아니라 모든 사람이 각자의 소명에 따라 일을 하라고 전한다. 크리스천이 갖는 소명 의식은 비단 목사라는 직업에 한하는 것이 아니다.

"감히 누가 나를 감시해!"

구약성경의 '제사장' 외에 신약성경에 등장하는 '감독'과 '장로'(목사 포함)는 교회에서 치리, 즉 '다스림' 혹은 '통치'의 역할을 하는 자로 받아들여진다. 따라서 만약 국가가 교회에 납세의 의무를 부과하면 목사는 그동안 관리감독의 주체였던 '갑'의 위치에서 감독의 대상인 '을'의 위치로 전락하게 되는데, 이는 성경의 원리에 위배된다는 것이 그들의 주장이다.

하지만 성경에서 말하는 '치리'는 교회 내에서의 역할을 말하는 것이지 국가의 영향을 받지 않는다는 이야기가 아니다. 이는 교회와 국가의 관계를 잘못 이해한 것이다. 오히려 성경은 국민으로서의 역할을 수행하는 것과 교회에서의 역할을 철저히 구분한다. 특히 《마가복음》(개역개정)에 등장하는 "(로마) 황제의 것은 황제에게 돌려주고, 하나님의 것은 하나님께 돌려드려라"(12장 17절)라는 구절에서 예수는 세금에 대한 성경적 원리를 제시한다.

지금까지 한국 교회는 정교분리 원칙을 내세워 국가의 중립성을 요구하고 종교 단체에 대한 간섭을 원천 봉쇄했다. 그렇게 교회는 실질적인 견제 기구 없이 자정 능력만을 바탕으로 유지되어왔다. 그러나 정치 세력과 결탁해 지내오면서('정교유착') 한국 교회는 교회로서 제대로 된 역할을 하지 못했을 뿐 아니라 정교분리 원칙을 지킨 적도 없다. 비과세 특혜를 이용해 카페 운영이나 재단, 사업 등을 통해 돈을 세탁하기까지 했다. 투자라는 명목하에 각종 부동산을 늘려가면서 비과세 특혜를 악용하는 실질적 탈세는 그동안 언론에 보도되지 않았을 뿐이지 너무나도 비일비재하다.

대형 교회에서 거둬지는 막대한 자금은 정확한 출처도 불분명하고 어디에 어떻게 쓰이는지도 불확실하다. 목사의 개인적 유용을 넘어서서 정치 자금이나 기타 용도로 수백, 수천억의 검은돈이 교회를 통해 양산된다는 지적이 있다. 오죽하면 이중장부를 작성해야 한다는 목사의 발언까지 나왔을까.

"이중과세 반대한다!"

목사에게 지급되는 사례(월급)는 신도들의 헌금에서 나오는 것이고, 헌금은 신도들이 이미 세금을 납부하고 낸 돈이기 때문에 여기에 세금을 부과하는 것은 이중과세라는 주장이 있다.

하지만 소득세와 같은 세금은 소득이 발생하는 시점을 기준으로 해당 소득자에게 새롭게 부과되는 것이다. 따라서 소득자가 달라지면 부과되는 세금의 명목도 달라진다. 월드비전 같은 자선 단체에서 기부금을 받지만 해당 단체에서 근무하는 이들이 소득세나 기타 세금을 납부하는 것과 같은 이치다.

"가난해서 세금 낼 돈이 없다!"

사실 언론에 드러난 대형 교회 목사들을 제외한 나머지는 적은 임금으로 살아간다. 한국고용정보원 통계에 따르면 교회 전도사들의 연봉은 연 1600만 원대로 최저임금에도 못 미치는 수준이다. 이처럼 몇몇 대형 교회를 제외한 대다수 교회는 소득 수준이 매우 미미하고, 목사의 급여조차 해결하기 어렵다. 이러한 상황에서 모든 목회자에게 일괄적으로 세금을 부과하는 것은 온당하지 못하다는 게 종교인 과세를 반대하는

소득 낮은 직업의 연 수입 평균 (단위: 만 원)

직업명	평균	응답자 수
연극 및 뮤지컬 배우	980	27
수녀	1,260	27
가사도우미	1,404	31
청소원	1,438	32
보조출연자	1,557	28
주차관리원 및 안내원	1,606	30
주방보조원	1,649	28
구두미화원	1,653	30
전도사	1,663	32
육아도우미(베이비시터)	1,677	32

출처: 2015 한국의 직업정보 – 2015 KNOW 보고서

보수 개신교계의 입장이다.

하지만 미자립 교회에서 최저임금조차 받지 못하는 목사와 부목사, 전도사 들은 이번 종교인 과세 정책의 실질적 세금 납부 대상에서 제외되어 있다. 직접적인 과세 대상은 소득 수준이 매우 높은 극소수에 불과하다. 더욱이 정작 사정이 어려운 목사들은 자발적으로 세금을 내고 있는 것으로 확인되었기에 일부 대형 교회 목사들의 반대 목소리는 설득력이 없다. 대다수 국민과 교인도 종교인 과세에 압도적으로 찬성한다는 조사 결과만 봐도 일부 교계 대표들의 주장이 얼마나 일방적인지 확인할 수 있다.

여전히 종교개혁이 필요한 한국 교회

종교인 과세가 드러낸 한국 교회의 문제는 "종교인이 왜 세금을 내야 하는가?"라기보다는 "종교 단체, 특히 한국 교회는 왜 이리도 돈 문제에 민감한가?"이다. 만약 지금까지 한국 교회가 정직하게, 도덕적으로 흠 없이 투명하게 교회를 운영해 왔다면, 종교인 과세에 대한 그들의 반발을 어느 정도 이해해

줄 수도 있겠다. 그러나 그간 한국 교회는 성경을 개인과 단체의 이익을 위한 도구로 사용하며 온갖 종류의 부정부패에 당위를 제공하는 데 이용해왔다.

이는 과거 중세 유럽에서도 볼 수 있었던 광경이다. 개신교가 태어나기 전, 당시만 하더라도 로마 가톨릭교회는 면세 대상이었다. 교황을 중심으로 교회 지도자들은 세금을 비롯하여 국가에 대한 의무에서 면제되었다. 물론 교회 지도자들이 각 교회에서 걷은 헌금을 개인 용도로 사용한다는 것은 공공연한 비밀이었다. 십일조와 같은 헌금의 중요성을 강조하고, 국가로부터 보호받고 있음에도 의무는 다하지 않으려는 오늘날 한국 교회의 모습과 다르지 않았다.

종교개혁 이후 현재 서구에서는 교회 지도자에게 특권이 있다는 생각이 존재하지 않는다. 십일조는 폐지되었고 교회 내 계급은 사라졌다. 비계급적non-hierarchy 전통의 평등주의를 실현하여 특정 계급의 권력화도 견제했다. 현재 한국 교회는 개혁이냐 몰락이냐의 기로에 서 있다. 종교개혁의 전통을 계승한다던 한국 교회가 종교개혁 정신의 정반대 모습을 보이고 있기 때문이다.

하지만 잊지 말아야 한다. 이러한 결과에 교회의 지도자를

종교인 과세 찬성	통합, 기장, 감리 등 한국기독교교회협의회(NCCK) 소속 교단, 가톨릭, 성공회, 구세군, 정교회, 순복음, 불교(대한불교천태종 제외)
종교인 과세 반대	합동 등 한국기독교총연합회 소속 교단, 대한불교천태종 및 기타 사이비 종교

자처한 '목사'가 가장 큰 책임이 있다는 것을. 예수를 팔아넘긴 이들도 다름 아닌 당시의 종교 지도자들이었다.

대한민국 종교인 과세의 역사

대한민국 정부 출범 이후로 세금과 관련해 종교는 함부로 침범할 수 없는 성역이었다. 1968년 국세청장이 목사와 신부 등에게 근로소득세를 부과하겠다고 발표했지만, 기독교계의 반발로 과세로 이어지지 못했다. 이후 기독교윤리실천운동(기윤실) 등이 교회 재정의 투명화와 목사들의 세금 납부에 대한 목소리를 높여왔지만, 1992년 국세청은 강제 징수에 부정적 반응을 보이며 자율에 맡기겠다고 함으로써 종교인 과세 문제는 일단락되었다.

하지만 로마가톨릭이 1994년 1800여 사제의 소득세를 자율 납부하겠다고 밝히고, 종교비판자유실현시민연대(종비련)가 종교인 비과세를 악용하여 교회를 비롯한 종교 기관이 엄청난 규모로 부정 이득을 취하고 있다고 주장하면서 일단락되는 듯 보였던 종교인 과세 문제가 다시 수면 위로 올랐다. 이후 2012년 박재완 기획재정부 장관이 OECD 가입국 중 유일하게 우리나라만 종교인의 소득에 과세하지 않는다고 하면서 종교인 과세 문제를 다시 쟁점화했다.

이에 정부는 2013년 8월 8일 종교인 과세 방침을 밝히고 관련 법안을 마련했다. 종교인의 소득을 일반 근로소득이 아닌 기타소득(사례금)으로 분류하는 한계가 있긴 했지만, 종교인의 소득에서 원천징수하겠다는 법안은 상당한 진전이었다. 그러나 2013년 12월 국회가 종교인 과세 법안 처리를 미뤄 실질적인 과세 정책에 대한 법적 근거를 마련하지 못했다. 이후 기획재

정부와 국회의 줄다리기가 계속되었고, 2015년 12월 소득세법 개정안이 통과되면서 종교인 과세가 마침내 법제화되었지만, 보수 개신교계의 극심한 반발로 2년의 유예 기간을 갖게 되었다.

문재인 정권이 들어선 뒤 정부는 기존의 종교인 과세 법안을 시행하도록 추진하여 2017년 12월 26일 국무회의에서 '종교인 과세가 반영된 소득세법 시행령'이 의결되고, 2018년부터는 소득세법 개정안에 따라 종교인도 소득에 따라 세금을 내도록 했다. 하지만 과세 기준 등에서의 특혜로 이름뿐인 과세라는 비판을 받고 있다.

종교인 과세, 개신교는 왜 반대할까

06

한국 교회와 친일파 1

JTBC 〈뉴스룸〉은 교회개혁실천연대 공동대표인 박득훈 목사를 초대해 담임목사 세습을 비롯하여 한국 교회가 당면한 문제를 두고 대담을 나눴다. 세습도 세습이지만 한국 교계에 이같은 문제를 해결할 수 있는 자정 능력이 있느냐는 손석희 앵커의 질문에 박 목사는 "자정 능력이 거의 소진되었다"라며 그동안 자정 능력을 키우기 위해 애썼지만 너무도 어려웠다고 답했다.

사실 지금까지 드러난 문제들을 볼 때 한국 교회는 이미 자정 능력을 상실했다고 봐도 과언이 아니다. 교계 지도층은 문제 의식을 갖고 이를 해결하고자 노력하기보다는 드러난 문제를 어떻게든 덮어보려고 끊임없이 시도해왔다. 목사들의 성폭력, 교회 재정에 대한 사기·배임·횡령, 그리고 세습 문제가 그랬다. 피해자가 있어도, 누군가의 양심선언이 있어도, 그 어떤 반대에도 교계의 권력은 견고했다.

이는 세월호 참사와도 여러모로 비슷하다. 세월호 사건이 국민들에게 이토록 시린 상처가 된 이유가 무엇인가? 단순히 무고한 시민들과 어린 학생들이 생을 마감했다는 사실 때문이 아니다. "왜 죽은 시신을 찾는 데 1000억이나 필요하냐", "교통사고로 죽는 사람의 수가 더 많다"라는 지도층의 무사안일한 대처와 진실은 숨기고 어떻게든 대충 마무리 짓고 덮어버리려는 책임 회피가 화를 불러일으켰다.

한국 교회는 지난 몇 년간 여러 문제를 지속적으로 지적받아왔다. 하지만 교계 지도층은 여전히 '나 몰라라'다. '사랑'과 '용서'로 대표되는 기독교니만큼 '이쯤 하면 됐으니 그만 덮자'라는 분위기다. 물론 시위도 해보고 토론을 통해 도출된 결론으로 성명서도 냈다. 성경적인 방법이라 하여 많은 이들이 집회다 뭐다 하며 기도회도 가져봤다. 그러나 견고히 세워놓은 기득권은 무너질 기미조차 보이지 않았다. 촛불 시위라는 국민적 참여가 정권을 바꿨다지만, 교계에는 이렇다 할 견제 세력이 없는 것도 문제다. 더욱이 신도들 입장에서는 마음에

맞는 교회로 옮기든지 교회를 안 나가면 그만이라 몸과 마음을 희생해가며 개혁을 부르짖을 이유도 없다. 어쩌면 그렇게 노력을 쏟을 만할 가치가 없다고 여기게 된 것인지도 모른다.

하나둘씩 쌓인 문제들은 한국 교회가 포용할 수 있는 한계를 넘어선 지 오래다. 수없는 비난과 비판에도 각종 문제가 끊임없이 제기되고 있고, 오히려 사건·사고의 발생은 증가하는 추세다. 도대체 한국 교회는 어디서부터 뒤틀린 걸까?

끝나지 않은 다툼: 박정희와 장준하

박근혜 전 대통령이 탄핵당하기 전까지만 하더라도 박정희는 지금의 대한민국을 만든 위대한 지도자로 평가받았다. 물론 친일 행적의 과오가 있지만, 그가 이룩한 업적(?)을 고려해 박정희의 친일 행적은 소싯적 누구나 한 번쯤 해봤을 거짓말 정도로 치부했다. 아직도 그의 암살을 연민할 만큼 그의 영향력은 지금도 상당하다. 박정희 기념 공원과 동상 등으로 표현되는 그의 신격화는 그가 어떠한 존재였는지 잘 말해준다.

한국 현대사에는 이런 박정희와 대조되는 인물이 존재한

다. 바로 장준하 선생이다. 여전히 타살 의혹이 있는 의문사로 일찍이 생을 마감한 그는 남긴 업적에 비해 평가절하되거나 대중에게 크게 알려지지 않았다. 대한민국 임시정부 광복군 대위로 활약했던 장준하는 김구 주석의 수행비서를 맡았고, 광복 이후에도 이승만 독재에 대항해 싸웠다. 또한 이후 5·16 쿠데타, 한일 수교 협상 등에도 강한 비판의 목소리를 냈다.

이러한 사실을 보면, 일본의 만주군 중위로서 우리 독립군을 탄압하던 박정희보다 장준하가 더 존경받아야 할 인물임이 분명하다. 그러나 장준하를 기억하는 이는 그리 많지 않은 듯하다. 오히려 박정희를 더 추앙하고 기억하고 있다. 이러한

만주국 육군군관학교와 일본 육군사관학교 졸업 후 헌병 조장 시절의 박정희

장준하는 일본 육군에 학도병으로 입소하였으나 탈영해 광복군에 들어가 활약했다.

정서는 나라를 팔아먹고 개인의 이득을 취해도 일정한 업적만 있다면 용서할 수 있다는 사회 분위기를 조성하는 데 큰 역할을 했다.

일제강점기에 무력으로 우리나라를 지배한 일본에 기대어 재산을 확충하고 권력을 차지했던 이들에 대한 처벌은 당연한 처사였다. 하지만 친일 세력은 공산주의에 대한 공포를 심어줌으로써 자신들의 잘못을 숨기는 전략을 펼쳤고, 그렇게 반공 의식이 한국 사회의 토대가 될 무렵부터 친일 세력은 이승만 전 대통령의 등용문을 통해 기득권층으로 자리매김할 수 있었다. 결국 박정희를 비롯한 친일 세력이 권력을 쥠으로써 우리 사회는 잘못을 해도 그것이 잘못됐다 말할 수 없는 사회로 전락해버리고 말았다.

비록 지금은 철창신세를 지고 있는 박근혜 전 대통령이지만 그 전까지만 해도 무소불위의 권력을 휘둘렀던 반면, 수십 년 간 해외로 도피 생활을 해야 했던 장준하의 장남, 장호권 씨의 기구한 인생사는 친일과 독립의 구도가 여전히 건재함을 웅변한다.

장준하의 장남, 장호권 씨의 삶

독립군이자 위대한 사회운동가였던 아버지를 둔 덕에 장호권 씨는 파란만장한 인생사를 겪어야 했다. 장준하 사후 부인 김희숙 여사와 5남매는 국내외로 뿔뿔이 흩어졌는데, 장남 장호권 씨는 27년이라는 오랜 세월을 해외에서 도피하다 지난 2003년 귀국하여 현재 임대아파트에서 모친과 함께 생활하고 있다.

아버지의 의문사를 밝히기 위해 고군분투했던 장 씨는 이름 모를 이들에게 구타당하여 턱뼈가 산산조각이 나기도 했다. 장 씨는 말레이시아에서 6년간 막노동을 했고, 아내와 두 딸을 한국에 남겨둔 채 싱가포르에서 10년을 보내야 했다. 장 씨를 비롯하여 장준하 선생의 자녀들은 대부분 직장에서 쫓겨나거나 미국에서 불법 체류하며 지내는 등 고초를 겪었다. 아버지가 돌아가신 후 흩어진 형제자매들이 한자리에 모인 적이 없었다고 한다.

신사참배로 시작된 교회의 모순

이러한 기류는 한국 교회 안에도 존재한다. 신사참배와 같은
배교 행위에 대한 엄벌이나 대책 없이 어떻게든 교세를 유지
하고 키워보려 했던 교계 지도자들은 한국전쟁 이후 교인들
에게 공산주의에 대한 혐오감을 심어줌으로써 신사참배와 친
일 행적에 대한 역사를 가려버렸다. 초기 한국 기독교의 신앙
적 기틀이 송두리째 흔들린 것이다.

　목사들이 사기를 치고, 성범죄를 저지르고, 자식에게 교회
를 물려주고, 헌금으로 개인 재산을 불리는 범죄를 저지르면
서도 당당할 수 있는 이유는 잘못에 비해 자신이 기여한 바가
크다는 거짓된 자부심 때문이다. 교세를 확장하고, 부자 교회
로서 막대한 자본력을 바탕으로 각종 사업 및 선교에도 큰 도
움을 주었으니 넘어갈 수 있는 건 넘어가자는 심리가 있다. 이
러한 작태의 시작은 신사참배와 친일이었다. 신사참배도 넘
어가는데 이 정도는 용서해줄 수 있지 않느냐는 '값싼 은혜'에
대한 기대심리가 기저에 깔려 있는 것이다.

　사실 일제강점기에 한국 교회가 처음부터 신사참배를 감행
했던 것은 아니었다. 1935년 이후 시행된 미나미 지로南次郎 조

선 총독의 한국 교회 말살 정책으로 한국의 교회 연합 단체들이 집중 공격을 받았다. 당시 장로교와 감리교의 연합 단체인 조선기독교연합공의회는 해체되고, 조선기독교청년회YMCA는 '일본기독교청년회 조선연맹'으로 명칭이 변경되었다. 성서공회 역시 1940년을 기점으로 선교사들이 이사진에서 제외되고, 1942년에는 조선총독부가 재산을 몰수했다.

처음에 일제는 신사참배는 종교성을 띠는 것이 아니라 그저 일본의 전통의례로서 국민의례 정도로 이해할 수 있는 것이라며 교계를 설득하려 했다. 하지만 일본과 한국은 민족도 다른 데다가 기독교는 하나님만을 섬기는 특성이 강해 신사참배를 강요하는 일이 쉽지 않았다. 대부분의 기독교 대표들과 당시 서구의 선교사들 또한 신사참배에 동참하지 않았다.

일본 신궁을 참배한 조선 목회자들

이에 일제는 신사참배를 단순 국민의례라고 이해시키기 쉬운 학교나 병원 같은 기관들부터 신사참배를 하도록 했다.

이후에는 작은 교단들을 시작으로 당시 교세가 가장 크던 장로교회까지 악질적인 파괴 공작으로 신사참배를 강요했다. 당시만 하더라도 기독교는 교세가 작아 신도 수가 많지 않았지만, 3·1 운동 및 각종 독립운동에 참여한 기독교 인사들이 많아 일제로서는 반드시 정복해야만 하는 대상이었다. 그래서 일제는 교계와 각 교회는 물론 개인까지도 신사참배에 반대하면 체포해 감옥에 가두고 고문하는 등 공포 정치를 이어갔다.

이렇게 일제는 행정적으로는 기독교 단체들에 대한 대수술을 감행하여 그 역할을 제대로 수행할 수 없도록 했고, 신앙적으로는 신사참배를 강요하여 하나님을 믿는 종교적 자긍심마저 꺾어버렸다.

장로교회의 신사참배 반대

이러한 일제의 강요 아래 상대적으로 교세가 크지 않았던 감리교와 가톨릭 등은 신사참배가 종교 행위라기보다는 단순한 국가 의식에 불과하기에 신앙에 구애됨이 없다고 선언하고 신사참배를 강행했다. 그 와중에도 가장 완강하게 신사참배를 거부한 교파는 교세가 가장 큰 장로교회였다. 대부분의 교계 지도자들은 신사참배를 매우 단호히 거부했고, 일제의 명령에도 계속해서 거부 의사를 표명했다.

그러나 일제는 아주 용의주도하게 장로교 내에서의 신사참배 강행을 위해 움직였다. 1938년 9월에 열리는 조선장로교 총회에 대비하여 전국 각지에 있는 노회(장로교에서 입법·사법의 역할을 담당하는 중추적 기관)별로 신사참배 결정을 강요했다. 그 결과 1938년 2월 19일 평북노회를 비롯해 전국의 23개 노회 중 17개 노회가 신사참배를 가결했다.

그리고 1938년 9월, 결국 제27회 조선장로교 총회는 일제의 계획대로 신사참배에 반대하는 목사들을 사전에 포섭하거나 검속해 신사참배를 결의했다. 완강하게 거부하던 의지가 무력에 꺾이고 난 뒤로는 하나둘씩 일제의 강압을 이기지 못하고 무릎을 꿇었고, 결국 대부분 목사가 신사에 가서 절을 하게 되었다.

신사참배는 친일 행적과 구분해서 봐야 한다는 견해도 있다. 신토(일본의 민속신앙)의 신사(제사를 드리는 종교 시설)에 참배하는 일본의 종교 의식이 당시 우리 국민 모두에게 차별 없이 강제된 것이기 때문이다. 따라서 창씨개명을 한 당시의 우리 국민 모두를 친일파라고 단정할 수 없듯이 신사참배 자체를 친일 행적이라고 보기에는 무리가 있다는 주장이다.

그러나 기독교인으로서 신사참배에 가담하는 것은 신앙을 삶의 최우선으로 여기는 종교인으로서는 신앙을 저버리는 행위임이 틀림없다. 친일이 아니었다 하더라도 신사참배는 일제에 힘을 실어주고 교계를 움직일 권한을 내어준 것이나 다름없었다. 결국 신사참배 결의는 일제에 교회의 고유 권한을 내어준 도화선이 되었다.

신사참배에 굴복한 교회의 말로, 친일

한 번은 쉽지만 두 번은 더 쉬웠다. 교세가 가장 컸던 조선장로교회는 신사참배 이후 철저하게 일제에 부역하는 단체로 전락했다. 그렇다. 신사참배는 친일의 전초에 불과했다.

신사참배 가결 후 장로교회는 1938년부터 3년간 국방헌금

158만 원, 휼병금(전장의 병사들을 위로하기 위하여 쓰는 돈) 17만 2000원, 기관총 구입비 15만 317원 50전을 거두어 조선총독부에 바쳤다. 당시 쌀 한 가마니가 20원, 교사 월급이 60원이었으니 조선장로교회가 총독부에 바친 국방헌금 158만 원은 현재로 치면 500억 원에 달하는 액수이다.

이렇게 각종 헌금 명목으로 거둔 돈은 일본군이 비행기와 기관총을 구입·제작하는 데 사용되었다. 일본해군성에서는 조선장로교회의 헌금으로 구입한 비행기에 '조선장로호'라 이름 붙이고, 1942년 9월 20일 경성운동장에서 80여 명의 장로교 대표들을 초청해 감사장과 수납서 및 비행기와 기관총 사진을 전달하는 행사를 치르기도 했다. 일본육군성에서도 그해 11월 17일 용산연병장에서 경기도 내에서 헌납한 비행기 55대의 명명식을 갖고 '조선장로호'라는 명칭을 부여했다.

단순히 헌금을 갖다 바친 것으로 끝나지 않았다. 장로교회는 무운장구기도회 8953회, 일본 찬양 시국강연회 1355회, 전승 축하회 604회, 군부대 위문 183회 등의 행사를 치렀다. 미국과 싸워서 이겨 달라는 일본식 신도 의식도 거행했다. (이상의 통계는 1942년 '조선예수교장로회'라는 명칭으로 마지막으로 열린 제31회 총회의 회의록에 자세히 기록되어 있다.)

둑이 무너지고 나니 흐르는 물줄기를 막아설 수 없었던 걸까? 국민의례 참여 정도로 끝날 것 같았던 신사참배는 친일뿐 아니라 성경의 원리마저도 무너뜨렸다. 하나님과의 대화의 수단인 '기도'를 일본 제국주의를 찬양하고 전쟁 승리를 염원하는 데 사용하기 시작했다. 결국 장로교회는 권력의 요구에 따라 신앙도 저버리는 친일 단체로 전락하고 말았다.

07

한국 교회와 친일파 2

2005년 《크리스천투데이》는 한국 기독교 120년을 기념하여 교계를 대표하는 인물이 누구인지 설문 조사를 진행했다. 조사 결과 고 한경직(37퍼센트), 고 주기철(21.8퍼센트) 목사가 나란히 1, 2위를 차지했다. 이 두 목사는 한국 교회를 대표하는 인물로 많은 사람의 존경을 받고 있지만, 두 목사의 삶은 완전히 달랐다.

 고 한경직 목사는 한국 최초의 대형 교회인 영락교회의 설립자이자 '청빈'과 '겸손'의 상징으로서 한국에서 가장 존경받는 목회자로 꼽힌다. "나는 자손들에게 남길 유산은 하나도 없다"라는 말로 시작되는 그의 유언은 돈과 권력으로 부패한 한국 기독교에 경종을 울리는 목소리라고 평가되기도 했다.

'한국에서 가장 존경받는 목회자'라는 타이틀에 걸맞게 수많은 미담도 존재한다. 보육원 설립을 필두로 전쟁 후 피난민을 돌보고, 선명회(현 월드비전)를 조직하여 전쟁 과부와 고아, 노인을 돌보는 일에도 힘썼다. 한 목사는 힘들고 어려웠던 대한민국 현대사 속에서 노고를 아끼지 않았다. 하지만 이러한 긍정적 평가가 무색하리만큼 어두운 과거가 한 목사에게도 존재했다. 바로 신사참배 문제다. 그런데 단순히 신사참배에 가담했던 것만이 문제가 아니다.

한경직 목사에 대한 재평가

한 목사는 1992년 템플턴 상을 받았다. 템플턴 상은 미국 태생의 영국인 존 템플턴Sir John Templeton(1912~2008)이 재단을 설립하고 기금을 마련하여 제정한 상으로 '종교계의 노벨상'이라 불린다. 당시만 해도 한 목사의 템플턴 상 수상은 대단한 영예였고, 수많은 기독교인이 이에 긍지와 자부심을 느꼈다.

한 목사의 템플턴 상 수상은 세계에서 유례없는 대형 교회를 설립하고 수많은 개척교회와 교육기관을 양성하는 등 복음화에 대한 그의 공로가 인정되었기 때문이었다. 당시 영락교회는 6만 성도에 전 세계 500여 교회를 개척했다. 미국 로스앤젤레스에 있는 나성영락교회만 해도 성도가 5000명이었으니 그 교세가 엄청났다.

당시만 하더라도 한 목사는 일제강점기에 신사참배를 거부해 감옥에까지 다녀온 인물로 알려져 있었다. 한 목사의 템플턴 상 수상을 보도한 미국의 한 언론은 한 목사의 업적을 전하면서 일제의 강요에 굴하지 않았던, 그래서 감옥에까지 끌려갔던 인물로 소개했다.

"In 1941, Han was briefly imprisoned by Japanese authorities because he refused to worship the Japanese emperor at a Shinto shrine." 《Orlando Sentinel》 1992. 3. 14

"1941년, 한 목사는 신사참배를 거부한다는 이유로 일제에 의해 일시적으로 감옥에 갇힌 적이 있다."

또 《한국 기독교와 역사》 창간호(1991)는 이만열 교수와 한 목사의 대담을 싣고 있는데, 대담에서 한 목사는 다음과 같이 말했다.

"그때 상황이 어떻게 됐는고 하니, 신사참배를 찬성할 목사가 누가 있겠어요? 다 반대 아니겠어요? 그러니까 신의주에서도 특별히 반대하는 목사와 장로들을 그 사람들이 조사해 갖고서는 한 열대여섯을 전부 잡아넣었어요. 나도 잡혀 들어가 있었지요. 그렇게 하고서는 신사참배 가결을 했단 말이에요."

한 목사가 신사참배에 반대하여 교회 장로들과 함께 신의주 경찰서 유치장에 20일간 갇혀 있었던 것은 역사적 사실이다. 그런데 언론 보도와 한 목사의 증언, 조선예수교장로회 총회 회록을 종합해보면 몇 가지 의문이 생긴다.

1938년 9월 조선예수교장로회 제27회 총회에서 일제는 무력을 동원하여 신사참배에 가담할 것을 강요했고, 총회가 열린 신의주 제2교회에서 신사참배 안이 가결되었다. 당시 신의주 제2교회의 담임목사였던 한 목사는 의산노회의 총대로 총회에 참석하여 《로마서》 13장 1~7절을 봉독했으며, 신사참배 안 가결에 동참했던 것으로 확인되었다. 그런데 이 교수와의 대담에서 한 목사는 자신이 잡혀 들어간 사이에 총회에서 신사참배를 가결했다고 증언한 것이다. 여기서 첫 번째 의문이 발생한다. 왜 직접 총회에 참석했으면서도 자신이 감옥에 있는 상태에서 신사참배가 결의되었다고 했을까?

물론 한 목사가 신사참배 및 일제와 장로교회가 함께 하는 사업에 적극적으로 동참하지 않는다는 이유로 배척되어 교회를 떠나 해방 직전까지 자신이 운영하던 보린원(보육원)에서 지낸 것은 사실이다. 한 목사가 일제의 신사참배 요구를 거부하여 감옥에 간 것은 1941년의 일이다. 따라서 그가 신사참배를 결의한 총회에 참석하여 신사참배에 찬성했던 것은 분명한 사실이다.

1992년 6월 18일 63빌딩 코스모스홀에서 열린 '한경직 원로목사 템플턴 상 수상 축하 예배'에서 한 목사는 "나는 죄를 많이 지었습니다. 신사참배도 한 사람입니다. 죄 많이 지은 사람입니다. 그런데 하나님께서 어떻게 이런 자리에 설 수 있게 하셨는지 알 수 없습니다"라고 수상 소감을 밝혔다. 한 목사가 템플턴 상을 수상하기 전인 1991년까지만 해도 그가 신사참배에 가담했던 사실을 아는 이는 거의 없었다.

여기서 두 번째 의문이 발생한다. 그 전까지 한 목사는 신사참배 결의가 자신의 의지와는 상관없이 진행된 일처럼 말해왔는데, 왜 70여 년 가까이 신사참배한 사실을 언급하지 않다가 89세의 나이에, 그것도 템플턴 상을 수상하고 이를 축하하는 자리에서 고백을 한 걸까?

이러한 두 가지 의문에서 한 목사를 이율배반적 행위를 해온 목회자라고 평가하는 이들이 생겨났다. 신사참배를 가결한 제27회 총회에서 숭실전문학교와 평양신학교는 신사참배를 거부하여 자진 폐교했는데, 해방과 전쟁 후인 1954년, 신사참배에 가담했던 한 목사가 숭실대를 재건하는 일에 앞장섰다. 또 이승만과 박정희의 독재에 협력하고, 군부 정권에도 우호적 입장을 취했는데, 이는 미화된 평가와는 다른 뒷모습이었다. 정치적 입장은 차치하더라도 자신이 동의한 신사참배 가결로 폐교된 학교의 재건에 앞장선 것을 단순히 선한 의지였다고만 볼 수 있을지 의문이다.

이러한 의심을 더욱 증폭하는 것은 다름 아닌 신사참배에 대한 한 목사의 입장이다. 한 목사 서거 후 기념사업의 일환으로 시작해 현재도 운영 중인 홈페이지www.hankyungchik.org에는 신사참배에 대한 한 목사의 입장이 간결하게 정리되어 있다. "이 결정(신사참배 가결)으로 괴로워하던 그는 환상 가운데 용서하시는 하나님을 경험했다"라는 문구에서 볼 수 있듯이 한 목사는 신사참배에 대해 하나님의 용서를 받았다고 여겼다.

한 목사의 이러한 입장은, 과거 신사참배에 가담한 이들에게 '자숙'을 권고하자 강력히 반대했던 조선예수교장로회 제 27대 총회장 홍택기 목사의 발언과 뜻을 같이한다.

　"옥중에서 고생한 사람이나 교회를 지키기 위하여 고생한 사람이나 고생은 마찬가지다. 교회를 버리고 해외로 도피 생활을 했거나 은둔 생활을 한 사람의 수고보다는 교회를 등에 지고 일제의 강압에 할 수 없이 굴한 사람의 수고가 더 높이 평가돼야 한다. 신사참배에 대한 회개와 책벌은 하나님과의 직접 관계에서 해결될 성질의 것이다."

　신사참배에 가담한 일은 결코 자랑이 될 수 없고, 어떠한 이유로도 합리화될 수 없다. 특히 '신사에서 신에게 참배하는 것은 하나님의 계명에 반대된다'는 신념으로 옥살이 끝에 목숨을 다한 목회자들에 대한 미안함이 있다면 결코 스스로 하나님께 용서받았다는 말로 합리화해서는 안 된다. 하지만 한 목사는 오랜 기간 신사참배에 대한 사실을 밝히지 않았고, 밝혀진 후에도 환상 가운데서 하나님의 용서를 체험했다는 말로 매듭을 지어버렸다.

　영화 〈밀양〉에서 자식을 죽인 이를 찾아가 하나님의 사랑을 전하겠다던 신애(전도연 분)는 유괴살인범으로부터 "하나님을 만나 회개하고 이미 죄 사함을 받았다"는 말을 듣는다. 언제부터 내가 지은 잘못을 내가 용서할 수 있었나? 이처럼 한국 교회가 가장 존경하는 목회자, 한경직 목사에게는 풀리지 않는 의혹이 남아 있다.

한국 교회의 진정한 순교자, 주기철

한국의 장로교회에는 의혹이 남아 있는 한 목사와는 달리 인생의 발자취가 너무나 명백한 분도 있다. 고 주기철 목사다. 투철한 신앙관과 더불어 참다운 겸손과 박애 정신을 겸비한 주목사는 신사참배에 반대하여 총 네 차례 투옥되었다. 1938년 2월 처음 투옥되었고, 같은 해 8월 조선예수교장로회 제27차 총회를 앞두고 반대 세력에 대한 단속으로 또다시 투옥되었다. 이듬해인 1939년 8월에 세 번째로 투옥되었고, 마지막으로 1940년 5월 투옥되어 1944년 4월 21일, 4년간의 수감생활 끝에 평양감옥에서 순교했다.

옥중에서 그는 자신을 설득하려는 주변인들에게 "인간의

얽히고설킨 인정의 줄에 나를 얽어매지 말라"고 당부하며 끝까지 신사참배를 거부했다. 일제 경찰은 평양노회장인 최지화 목사를 불러 주 목사를 파면하라 권고했는데, 마지막으로 주 목사를 설득하기 위해 찾아가 "사면만 하면 자신도 편하고 노회도 편할 터인데 생각을 돌려보면 어떻겠소?"라고 묻는 최 목사에게 주 목사는 "당신은 도대체 양심이 있느냐?"라고 답했다.

주 목사는 기개가 있고 총명했으며, 하나님을 믿는 믿음이 투철하고 윤리의식도 올바른, 지도자로서 존경받아 마땅한 인물이었다. 그러나 주 목사는 신사참배를 반대한다는 이유

주기철 목사는 장로교 목사이자 독립운동가로 일제의 신사참배 강요에 저항하다 10년형을 선고받고 복역 중 순교했다.

로 1939년 목사직을 면직당했고, 존경은커녕 오랜 기간 한국 교회에서 잊혔다가 1997년이 되어서야 목사직이 복권되었다. 2006년 평양노회와 장로회신학대학교에서 학적 복적을 선포했고, 2015년에는 총신대학교가 목사직 복권 및 평양신학교 복적을 선포했지만, 광복 후 70년이 넘는 시간 동안 한국 교회가 주 목사를 위해 한 일은 없었다.

지난 70여 년간 한국 교회, 특히 장로교회는 정의가 바로 서는 길보다는 '노회도 편하고 나도 편한' 길을 걸어왔다. 해방 후 신사참배 가결에 가담했던 이들이 교계에 끝까지 남아 교세를 확장하고 기득권층으로 자리매김할 때 정작 끝까지 신앙을 지켰던 이들은 외면당했다. 이 과정에서 한국 교회는 일제강점기 때와 같은 방법으로 정치와 결탁하여 손쉽게 교세를 확장하고 지경을 넓혀왔다. 교회는 점점 대형화되었고 대형 교회 목사는 막강한 권한을 누리게 되었다. 안타깝게도 그 중심에는 대한민국 최초의 초대형 교회를 설립한 한경직 목사가 있다.

값싼 은혜로도 허용될 수 없는 마지노선

우리 사회에서 친일 논란이 끊이지 않듯이 한국 교회도 항상 신사참배 문제를 떠안고 있다.

"과거는 그렇지만 그래도 한 게 있는데!"

"아니다. 제대로 된 평가를 받아야 한다!"

물러설 수 없는 양측의 혈전은 광복 이후 계속되고 있다. 이러한 대립 구도는 사회나 교회나 마찬가지다. "그래도 성장을 이루었으니", "그래도 지금의 대한민국을 세우는 데 기여한 바가 있으니"라는 입장과 "아무리 그래도 결코 허용될 수 없는 것이 있다"라는 입장이 맞선다. 역사를 통해 밝혀졌듯이 묵인하고 넘어갈 수 있는 일이 있고, 절대 용납할 수 없는 일이 있다. 아마도 우리나라에서는 친일 문제가 그 마지노선이 아닐까?

다행히도 대통령 탄핵이라는 초유의 사태를 겪은 우리나라는 친일에 대해 새로운 여론이 형성되고 있다. 그중 가장 상징적인 지점은 더 이상 박정희 전 대통령을 존경하는 인물로 여기지 않는다는 점이다. 경제 성장과 별개로 친일에 대한 평가를 내리기 시작한 것이다. 불과 10년 전만 해도 박정희 전 대통령이 대한민국에서 가장 존경받는 인물로 꼽혔던 사실을 생각하면 고무적인 현상이다.

한국 교회도 친일 문제로 갈등의 골이 깊지만, 사회와는 달리 아직 교계에서는 친일 행적, 특히 신사참배를 크게 문제 삼지 않고 있다. 교계 기득권층뿐 아니라 교인들도 신사참배와 같은 배교 행위를 크게 문제 삼지 않는다. '회개하고 용서를 구하면 그걸로 됐다'는 한국 교회 특유의 '값싼 은혜' 문화가 자리 잡게 된 것도 친일/신사참배에 대한 태도와 관련이 깊다. 그러나 신사참배는 신앙을 최우선으로 여기는 종교인으로서 적당히 덮고 넘길 수 있는 문제가 아니다. 값싼 은혜로도

1943년 일본 나라奈良신궁을 참배한 조선 목회자들

허용될 수 없는 최소한의 마지노선은 있어야 하지 않을까?

숨길 수 없는 일

한 목사를 비롯해 친일 행위와 신사참배를 했던 이들이 교계에서 칭송받고 존경받아 마땅하다면, 예수를 팔고 후회했던 가룟 유다에 대한 평가도 재고되어야 한다. 만약 가룟 유다가 잘못을 뉘우치고 회개한 뒤 다른 제자들에게 돌아가 "하나님께서 나를 용서하셨다"라고 했다면 어땠을까? 비록 그는 예수를 팔아넘겼지만 이내 양심의 가책을 느껴 되돌리려 했다. 그러나 성경 저자들이 유다를 '배신의 아이콘'으로 묘사한 데에는 분명한 메시지가 담겨 있다.

한국 교회가 지금도 존경해 마지않는 한경직 목사는 신사참배에 가담했던 인물이다. 물론 사정은 있었다. 그러나 한 목사의 잘못은 단순히 신사참배를 했다는 사실에만 있지 않다. 그 사실을 숨기고 오랜 기간 침묵해왔다는 점이 더 큰 문제다.

신사참배를 가결하고 각종 친일 행위에 가담했던 목회자들, 그리고 그들의 후손과 후계자 들이 여전히 교계에서 지도자로 추앙받고 있다. 그들은 교회를 지키기 위한 불가피한 행위였다고 항변하지만, 그러는 가운데 한국 교회에서 정의는 무너지고 신뢰는 바닥을 치게 되었다.

한국 교회가 자정 능력을 상실하게 된 것은 아주 작은 움직임에서 시작되었다. 신사참배는 신사에서 한번 절하면 되는 행위였지만, 그렇게 쉽게 타협하기 시작하면서 교회는 끊임없이 타협의 장에 노출되었다. 한 목사를 비롯하여 교계 지도자들은 군사 정권의 하수인으로 전락하고, '반공'에 협조하여 수많은 무고한 시민을 죽음으로 몰아넣는 데 일조했다. 제주 4·3사건에 연루된 많은 개신교 인사의 만행을 지금 한국 교회는 어떻게 평가할까? 그럼에도 과연 한국 교회가 올바른 방향으로 걸어왔다고 할 수 있을까?

한국 교회는 첫 단추부터 잘못 끼웠다. 현재의 시각으로 과거를 진단하는 현재주의가 늘 옳은 것은 아니지만, 한국 교회의 친일 행적과 신사참배에 관한 책임에 대해서 이제 진실을 말하고 올바른 평가를 내려야 할 때가 되었다.

군부 독재부터 경제 개발, 민주화운동 등 그간 한국 교회는 시류에 맞춰 사회와 발걸음을 같이했다. 그러나 이제는 시대에 끌려가지 말고 시대를 이끌어가야 한다. 그 시작점은 친일과 신사참배에 대한 진정한 뉘우침과 관련자에 대한 엄정한 처벌이다.

조선예수교장로회의 친일 행각이 낱낱이 기록되어 있는 제 31회 총회 회록은 일본어로 기록되었으며, 68년이 지난 2010년에 번역 및 총회 인준을 시도했으나 무산되었다. 사실 그 전까지 장로교회의 친일 행적이 제대로 밝혀지지 않았던 이유도 일본어로 된 문헌을 해석할 수는 있었지만, 총회 인준을 거치지 않아 공식 자료로서 입증이 어려웠기 때문이다.

이제 그 사정을 소상히 밝히고, 신사참배와 친일 행적에 대해 사회적으로 책임 있는 조치를 취해야 한다. 그렇게 할 때 교회 안에 정의가 바로 서고, 더 이상 어떠한 불법도 합법으로 둔갑하지 못할 것이다. 친일뿐 아니라 신사참배에 대한 재평가가 절실히 필요한 시기가 다가왔다.

08

사이비의 시작과
한국 기독교

지난해 대한민국은 박근혜-최순실 사태로 몸살을 앓았다. '비선실세'의 등장과 함께 부정부패의 끝을 보여줬던 국정농단의 시발점에는 사이비 교주 최태민이 있었다. 영세교 교주라 자처했던 그는 오랜 기간 박근혜 전 대통령의 정신적 버팀목 역할을 해왔던 것으로 전해졌다. 최태민의 딸 최순실이 박 전 대통령과 긴밀한 관계를 맺을 수 있었던 것도 이러한 연결고리 때문이었다.

이렇게 종교적으로 끈끈하게 엮인 인연으로 최순실과 박 전 대통령의 관계가 시작되었으니, 어찌 보면 이번 국정농단 사태는 사이비 종교가 얼마만큼 이 사회를 혼란으로 빠뜨릴 수 있는지를 여실히 보여준 사례라 할 수도 있겠다.

이러한 사이비 종교의 영향은 국정농단 사건뿐만이 아니다. 21세기 대한민국의 가장 큰 아픔으로 표현되는 '세월호' 역시 유병언이라는 구원파 교주와 깊은 연관이 있었다. 카리스마적 리더십을 바탕으로 교주로서의 역할을 톡톡히 했던 유병언은 신도들의 헌금으로 세모그룹(세모해운)을 설립, 이후 청해진해운과 함께 종교 단체를 운영하는 독단적 경영으로 회사를 키웠다. 보통 사이비 종교 단체는 정통성을 인정받지 못하는 한을 재력이나 권력을 키움으로써 푸는데, 구원파의 유병언도 마찬가지였다. 그렇게 세워진 청해진해운이 온갖 비리와 부정부패 끝에 세월호 참사까지 냈으니 사이비 종교의 무서움이 또 한 번 증명된 셈이다.

이처럼 우리나라의 사이비 종교 단체들은 단순히 소수의 신앙인이 모여 자신들의 믿음을 확인하고 공동체를 꾸려나가는 수준이 아니다. 엄청난 자본력을 바탕으로 정교유착을 통해 우리 사회를 송두리째 삼켰다. 우리 사회를 혼돈에 빠뜨린 사이비 종교는 왜, 그리고 어떻게 생겨난 걸까?

한국 사이비 종교의 태동

사이비似而非는 '겉으로는 비슷하나 속은 완전히 다르다'는 뜻이다. 즉, 정통에서 벗어난 가짜를 말한다. 그렇다면 여기서 말하는 '정통'은 무엇일까? 우리 사회에 존재하는 대부분의 사이비(가짜)는 기독교 신앙(정통)에서 비롯되었다고 해도 과언이 아닐 만큼 한국 교회와 깊은 연관성을 맺고 있다.

소설가 장정일은 '한국 교회의 신앙적 토양'이라는 칼럼에서 2017년 12월 24일 광화문광장에 2만 5000명 신도가 모인 신천지 집회에 대해 논평하며, 한국 기독교가 신천지의 모태라고 이야기하면서 한국 교회의 한계와 모순을 지적했다(《한국일보》 2017. 12. 27).

최태민의 영세교 역시 기독교, 불교, 천도교를 혼합하여 만든 사이비 종교라 하지만 "사람이 하느님이 되어야만 하늘나라에 들 수 있고, 구원받을 수 있다" 혹은 "본래 신으로 태어난 인간이 살아생전에 신체를 회복해 하느님이 되어야 한다" 등의 교리를 보면, 기독교의 구세주 개념에 깊은 영향을 받았음을 알 수 있다.

미국의 이단연구자 월터 마틴Walter Ralston Martin은 《이단의 왕국The Kingdom of the Cults》(1965)에서 기독교가 발전함과 동시에 비정상적 성경 해석으로 사이비 종교 단체가 창궐하는 현상을 언급했다. 우리나라에 존재하는 대부분 사이비 종교 단체도 잘못된 기독교 교리를 바탕으로 시작된 단체들이다. 스스로를 '구원자'라고 주장하는 교주들도 대부분 성경을 오도하여 자신의 신성을 뒷받침하는 근거로 삼는다.

원래 교주란 종교의 창시자를 뜻한다. 예컨대 불교에는 '부다'가 있고, 이슬람교에는 '마호메트'가 있다. 하지만 사이비 종교의 교주는 이와 다르다. 사이비 종교의 교주는 권력과 돈, 색욕 등 개인의 욕망을 충족하기 위해 신앙심과 교리를 이용하는 이들이다. 흔히 말하는 '교주'는 이와 같은 거짓된 자들을 일컫는다.

왜 사이비 종교가 횡행하게 되었나

우리나라 기독교계 사이비 교주의 시초는 1920년대에 활동한 '김성도'이다. 물론 사이비도 처음부터 권력과 색욕 같은 개인의 욕망 때문에 생겨나진 않았다. 초기에는 나름 신앙에 대한 열정과 패기가 있었다. 특히 김성도는 독립운동도 하고, 헐벗고 굶주린 이들을 열심히 돕기도 했으며, 신사참배를 거부하다 고문으로 순교(?)하는 등 열렬한 기독교 신앙인이었다. 기독교 이단 연구의 시초격인 국제종교문제연구소의 고 탁명환 소장은 《기독교 이단 연구》에서 김성도에 대해 다음과 같이 언급했다.

"김성도 여인은 3백석 부자였고 창고에 멍석을 깔고 항상 병자들과 함께하며 그냥 먹이고 입혔고 얼마나 많이 기도를 했는지 무릎과 팔꿈치에 굳은살이 붙을 정도였다. 그녀는 등창이 난 환자나 거지를 손수 씻기고, 입으로 고름을 빨아내고 병을 고쳐주곤 했다."

비록 성경의 내용을 곡해하고, 후손들이 김성도를 신성시하여 결국에는 사이비 종교로 전락했지만, 김성도는 사리사욕을 채우기 위해 새로운 교리를 내세우는 사이비 교주와는 달랐다. 물론 스스로를 '선지자'라고 여기긴 했으나 신이나 구원자라고 주장하지는 않았다. 하지만 이런 사이비들도 시간이 지나면서 점차 변질되어갔다. 변화는 한국 전쟁 이후에 두

드러졌는데, 《한국기독교사》(1978)의 저자 이영헌은 한국에서 사이비 종교가 창궐하게 된 이유에 대해 다음과 같이 기술했다.

"6·25 동란 중에 한국 교회는 그 살아 있는 모습을 세계에 보여주었다. 그렇게 참담한 죽음 속에서도 순교의 영광을 안고 서 있는 한국 교회를 세계는 경의의 눈으로 바라보며 초대 교회의 재현이라고도 평가했다. 그러나 휴전 후 한국 교회는 초대 교회가 아니라 어느 다른 시대의 교회와 다를 것 없는 평범함 교회, 아니 거기에도 미치지 못하고 형편없이 뒤떨어진 부패하고 타락한 교회임을 적나라하게 드러내고 만 것이다. 구제 물자가 한국 교회를 망치는 함정과 올무가 되고 말았다. 원래 한국 교회는 처음부터 자립하는 교회로 이름이 났다. 그러나 전쟁의 참담한 시련 속에서 먹는 문제, 입는 문제가 심각하게 대두되고 세계의 이목과 동정이 폭포처럼 한국 교회에 쏟아질 때 교회의 유력 인사들은 더 얻어먹으려고 머리가 터져라 치고 부수고 싸웠고, 지능적인 사기 수단으로 치부하면서 자선사업가로 둔갑하는 크리스천의 수가 날로 늘어났다. 이러한 기막힌 현실에서 좀 더 신앙적으로 살아보려는 사람들은 교회를 등지고 딴 곳에서 위안과 갈망, 구원을 얻어보려

했던 것이다. 이때 혜성같이 나타나서 신자들을 현혹해 집어삼킨 무리가 소위 '불의 사라'들이었고 20세기의 새 예수들이었다."

그렇다. 60년 전 나라가 어려울 때도, 21세기 1인당 국민소득이 3만 달러가 된 지금도 여전히 '돈'이 문제였다. 전 세계에서 물밀듯이 밀려오는 구제 물자가 정부와 종교 기관을 통해 배포되었는데, 이러한 교회의 물질적 풍요(?)가 결국에는 소유욕을 절제하지 못한 종교인들에게 올무가 된 셈이다. 고문상희 연세대 교수는 이단과 사이비 종교가 정치 불안, 사회혼란, 경제 파탄을 틈타서 일어난다고 했는데, 우리나라도 역시 그랬다. 전쟁 이후의 극심한 혼란을 틈타 각종 사이비 종교가 창궐하기 시작했다.

김성도를 하나님과 같은 존재로 여긴 것도 김성도의 남편과 그녀를 따르는 주변 인물들이 시작했다. 자신의 재산으로 가난한 사람을 도우며 굳은 믿음을 보여준 김성도의 명성을 이용해 국가적으로 어렵고 힘든 시기를 틈타 세력을 확장하고 이권을 챙기기 시작한 것이다. 한국 기독교가 신사참배를 비롯한 각종 현안에서 의견이 엇갈리며 분열하여 무력해진 것도 사이비 종교가 창궐하는 데 한몫했다. '정통'이라고 하는 교회조차 목사, 장로, 집사 등으로 교회 내 계층화가 뚜렷해지고 기득권층은 권력과 이권에 눈이 멀어 치고받고 싸우기 일쑤인데, 누가 이들을 정통이라고 하겠으며 그들을 따르겠다고 하겠는가?

어쩌다 한국은 재림 예수들의 천국이 되었나

이영헌 교수의 말처럼 20세기의 새 예수들이 등장하던 시기에 사이비 종교 단체들은 발 빠르게 세력을 확장해나갔다. 김성도는 자신이 선지자라고 하는 데 그쳤지만, 이후로는 스스로를 신이라고 주장하는 사람들이 끊임없이 나타났다. 자신을 다시 오실 예수 그리스도, 즉 구원자라고 주장하는 사람들이 등장했는데, 대표적인 예가 정득은, 김백문, 문선명(통일교), 정명석(JMS), 이만희(신천지) 등이다.

이러한 사이비 종교 단체들은 교주의 우월함이나 신성을 증명하기 위한 맞춤 교리를 선보이고 신자들을 모집했다. 그렇게 모집된 신자들은 대부분 스승과 제자의 관계로 계보를 만들어나가는데, 청출어람이라고, 스승이 가르쳐준 교리의 허

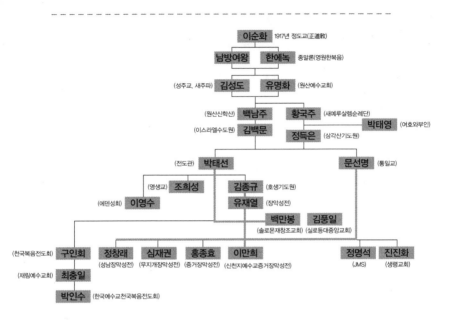

[기타 독립적 사이비 이단 교파]

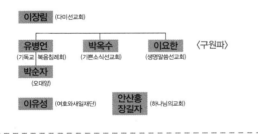

한반도에 발생한 종말론, 재림구세주론 및 주요 이단 계보도

자료: CBS

점을 보완해 새로운 교주가 된 제자들도 있었다.

현재 자신을 신이라고 주장하는 사이비 교주가 우리나라에 만 70여 명이 존재한다. 이러한 숫자는 세계적으로 유례가 없는데, '재림 예수'라 주장하는 이들의 90퍼센트 이상이 우리나라에 있기 때문이다. 정작 2000년 기독교 역사를 가진 유럽에서는 스스로를 신이라 여기는 이들의 등장으로 사이비 종교가 창궐한 사례가 거의 없었던 반면, 불과 100년이 조금 넘은 한국 기독교에서는 70여 명의 재림 예수가 등장한 것이다.

물론 우리나라에만 기독교 사이비가 있었던 것은 아니다. 기독교가 처음 공인된 유럽에도 '이단'은 존재했다. 하지만 한국의 사이비 종교와는 그 형태가 달랐다. 사이비는 '겉으로는 비슷하나 속은 완전히 다르다'라는 뜻이지만, 이단異端은 '마지막 결론만 다르다'라는 의미이다. 사실 '정통'에서 벗어났다는 의미에서는 사이비나 이단이나 마찬가지지만, 한국의 사이비 종교에는 자신을 신격화·절대화하는 교주가 존재한다는 특징이 있다. 반면, 서양의 이단은 교주보다는 교리에 대한 견해 차이에서 비롯한다.

기독교 역사 초기에 로마는 기독교가 국교로서 보다 체계적인 형태를 갖춰야 한다고 생각했다. 무엇을 믿는지조차 알지 못하는 종교를 대중이 쉽게 믿을 수 없기 때문이다. 하지만 국교로서 교리를 세워나가는 동안 성경 해석에서 전문가들 사이에 견해 차이가 생겼고, 그러한 과정에서 이단이 등장하게 되었다. 이처럼 유럽에서 발생한 이단 역시 기독교 안에서 시작되었으나 당대를 지배한 문화와 기독교의 긴밀한 관계를 위한 탐구의 결과로 등장한 경우가 대다수였다. 서구 사회에서 등장한 이단은 결국 성경의 원리를 왜곡하기는 했지만, '정통'을 보존하려는 열망에서 시작된 것이었다.

물론 유럽에서 '정통' 교리 논쟁은 교리의 '권위'에 대한 주도권을 누가 갖느냐에 초점이 있었다. 따라서 이단은 교회의 권위를 타파하기 위해 성경적 권위의 바탕이 되는 내용의 해석 문제에 집중했다. 서양에서 정통 교리를 벗어난 이단에 엄격했던 이유도, 인간을 신격화하는 데 대한 우려보다는 기독교 세계관을 흐트러뜨리는 집단이라고 여겼기 때문이었다.

신으로부터 부름받았다는 선민사상의 유대인들과 예수를 그리스도로 믿음으로써 구원을 얻을 수 있다는 이방인까지 초기 기독교에는 다양한 스펙트럼의 신앙 형태가 존재했지만, 획일성을 강요하는 권위 구조는 없었다. 따라서 서구 기독교에서는 최고 의사 결정 기구인 교회의 결의를 도출하기 위한 다양한 논의가 오랜 기간 지속될 수 있었다. 이러한 구조적 장점이 교주가 등장할 수 없었던 하나의 원인이었을 수 있다.

반대로 한국 기독교는 교회에서의 성서 해석을 통해 교리를 결정할 필요가 없었다. 이미 정해진 교리대로, 해외 선교사를 주축으로 운용되는 교회 조직이 있었다. 초기 한국 교회는 교회의 한계를 위대한 개인에 대한 신격화로 극복하려는 움직임이 강했다. 그렇게 자신이 계시를 받았다며 구세주를 자임하는 이들이 등장했는데, 이러한 현상은 세계적으로 흔치 않다.

사이비를 낳는 한국 교회

형태는 다르지만 사이비나 이단의 씨앗은 대부분 교회에서 시작되었다. 하지만 서양의 이단은 당대의 문화와 더 나은 관계를 맺고, 성경의 메시지를 올바르게 해석하고 보존하려는 열망에서 시작되었다면, 한국의 사이비는 내가 주인공이 되고 신이 되어버린 것이다. 사실 이러한 배경에는 한국 교회의 부패와 타락이 있다.

한국 교회는 카리스마적 리더십을 통한 교회 성장에 주안점을 두어왔다. 목사의 절대적 권위를 강조하며 절대 권력을 부여했고, 목사는 교회를 마음대로 운영해왔다. 여기에 교회의 폐쇄적 성향은 신도들이 무비판적으로 목회자를 맹신하고 따라가는 신앙 습관을 기르도록 유도했다.

교회의 지도자들이 존경받을 만했다면 구세주가 이렇게나 많이 등장할 필요도 없었을 테다. 특히 한국 교회가 비판하지 말라고, 눈과 입을 막고 듣기만 하라고 강조해온 탓에 수많은 궁금증을 가진 이들이 자신의 질문에 답해주는 사이비 종교에 빠지고 말았다. 사이비 종교 단체에 있다가 실체를 알고 빠져나온 이들을 대상으로 한 설문 조사에서 36.4퍼센트가 성경에 대해 무지했다고 답했다. 교회에서 제대로 가르치지도 않았고 또 설명해주지도 않았다는 증거다. 일주일 내내 하루가 멀다 하고 교회에 다니도록 프로그램을 만들었는데 왜 정작 성경은 잘 모르는 걸까? 이는 분명 한국 교회의 직무유기이다. 정통이 갈 길을 못 찾으면, 이를 대체하기 위한 사이비 종교가 계속해서 등장하기 마련이다.

우리나라에 사이비 종교 단체가 횡행하게 된 데에는 한국 교회의 책임이 가장 크다. 정통이 정통으로서의 역할을 제대로 하지 못했기 때문에 이를 대체하기 위해 또 다른 리더와 단체가 등장하는 과정이 되풀이된 것이다. 교회의 부정과 부패, 임목사직 세습 등 한국 교회는 사이비 종교 단체와 크게 다를 바 없는 모습을 하고 있다. 만약 교회가 하나님에 대한 지식을 기반으로 한 올바른 예배와 경건의 공동체라면 지금과 같지 않았을 것이다. 결국 사이비 종교 단체의 문제는 한국 교회의 문제이기도 하다.

09

안태근 전 검찰국장을 구원한
'이신칭의'의 함정

한 여성 검사가 검찰 내부에서 벌어진 성폭력 사건을 폭로했다. 정권이 바뀔 때마다 권력 기관과 긴밀한 관계를 유지하며 기득권을 누려왔던 검찰은 이번 사건으로 제대로 도마 위에 올라앉게 되었다. 온갖 종류의 부정부패를 저질러왔음에도 처벌은커녕 조사조차 받지 않던 검찰에 대한 국민의 분노가 그 한계를 넘어선 것이다.

그런데 국민적 분노의 화살이 검찰로 향하기도 전에 또 한번 한국 교회가 표적이 되었다. 서지현 검사가 폭로한 성폭력의 가해자인 안태근 전 검찰국장(이하 안 전 검사)이 서울의 대형 교회인 온누리교회에서 세례를 받고 간증한 동영상이 공개되면서다. 명성교회의 편법 부자 세습에 대한 충격이 채 가 시기도 전인 만큼 한국 교회를 향한 비난의 칼날이 더욱 날카로워질 전망이다.

서 검사가 성폭력 사건을 폭로하게 된 데에는 안 전 검사의 간증이 큰 역할을 했다고 한다. 스스로 죄를 용서받았다고 말했다던 안 전 검사, 그는 대형 교회에서 세례를 받고 간증을 하면서 무슨 얘기를 했던 걸까?

사실 안 전 검사의 간증은 그동안 한국 교회에서 수없이 되풀이되어온 여느 간증과 크게 다르지 않았다. 일반적으로 간증은 다음의 다섯 단계로 구성된다.

① 열심히 살았다.
② 억울한 일로 고난을 겪었다.
③ 하나님이 위로하셨다.
④ 회개했다.
⑤ 구원받았다.

그의 간증 내용을 직접 살펴보자.

"나름대로는 깨끗하고 성실하고 열심히 살아오면서 공직 사회에 적응해왔습니다."

"그러던 중 뜻하지 않은 일로 공직을 그만두게 되었죠."

"찬송과 기도, 성경 말씀을 접하면서 나도 모르게 눈물이 쏟아
져 내리는 경험을 했습니다."

"회개하니 저희를 대신해 십자가에 못 박혀 죽으신 예수님의
거룩한 사랑이 느껴졌습니다."

"하나님을 영접할 기회를 주시고…"

이처럼 안 전 검사의 간증은 일반적인 간증의 5단계 구성
틀에서 크게 벗어나지 않았다. 그런데 왜 이 간증이 공분을 사
게 된 걸까?

영화가 현실로: 〈밀양〉과 한국 교회에서의 죄 사함

안 전 검사의 간증 동영상이 공개되면서 언론은 2007년 개봉
한 이창동 감독의 영화 〈밀양〉을 새롭게 조명했다. 특히 주인
공 신애(전도연 분)가 자신의 아들을 죽인 박도섭(조영진 분)을
찾아간 장면은 한국 교회에서 말하는 '죄 사함'의 개념이 얼마

나 모순적인지를 보여준다. 자신은 이미 하나님에게 용서받았다는 박도섭의 대사를 다시 한번 짚어보자.

"하나님이 죄 많은 놈에게 손 내밀어 주시고 그 앞에 엎드려 지은 죄를 회개하도록 하고 제 죄를 용서해주셨습니다. … 눈물로 회개하고 용서받았습니다."

안 전 검사는 지난해 나라를 떠들썩하게 했던 검찰 '돈봉투 만찬' 사건의 주인공이자 공공연한 '우병우 라인'으로 그간 있었던 비리의 핵심 인물일지도 모른다는 의혹을 받았다. 게다가 이번에는 성추행 사건이 폭로되었다. 이런 그가 어떻게 본인 스스로 회개와 용서를 얘기하고 은혜를 말할 수 있었을까? 마치 〈밀양〉의 박도섭에 빙의라도 된 것처럼 말이다.

이번 안 전 검사의 간증은 영화의 한 장면이 현실에서 그대로 재현된 것이나 다름없었다. 2007년 〈밀양〉이 개봉될 당시 한국 교회는 거세게 반발했다. 한국 교회와 기독교 신앙을 왜곡되게 그렸다는 이유였다. 하지만 한국 교회가 왜곡되었다고 평가했던 그 상황이 눈앞에 현실로 드러났다. 왜 한국 교회에서 이러한 모순이 끊이지 않는 걸까?

믿기만 하면 의롭게 된다?

한국 교회에는 포기할 수 없는 교리가 있다. 바로 이신칭의以信稱義이다. 16세기 종교개혁의 대표 주자였던 마르틴 루터가 주창한 이신칭의는 '믿음으로써 의롭다 함을 얻는다'라는 뜻이다. 누구든지 예수 그리스도를 믿는 믿음만 있다면 죄인의 신분에서 벗어나 의인으로서 구원받게 된다는 것.

현재 한국 교회는 이러한 이신칭의 교리를 성경이 가르치는 진리라고 믿고 있다. 따라서 안 전 검사와 같은 사람도 스스로 예수를 믿고 죄를 고백했다면, 그리고 용서를 받았다고 한다면, 그것을 있는 그대로 받아들일 수밖에 없다. 이를 의심해야 한다면, 한국 교회가 말하는 이신칭의는 핵심 교리로서의 지위를 잃게 된다. 아무리 의심이 들어도 의심할 수 없고 의심해서도 안 되는 상황인 것이다. 결국 교리를 지키기 위해 눈앞에 벌어진 모순에 문제를 제기할 수조차 없다.

그런데 한국 교회가 수호하려는 이신칭의는 과연 성경적 진리일까? 전 세계 모든 기독교는 교파마다 구원의 방법에 대한 견해가 다르다. 따라서 보다 정확한 이해를 위해서는 교파별 구원론을 살펴보는 작업이 필요하다. 하지만 여기서 밝히려는 내용은 이번 안 전 검사의 간증과 관련하여 한국 교회가 직면하고 있는 문제에 관한 부분이므로, 한국 교회(정확히는 보수 개신교)에 국한해서만 이야기할 것이다.

기독교 구원론의 역사: 믿음 vs 행위

기독교라는 종교가 생겨난 이후 구원에 관한 수많은 논의가 있었는데, 요약하면 '믿음'과 '행위' 중 어느 쪽에 더 무게를 둘 것인가의 문제였다.

가령 중세의 로마 교회는 인간의 행위가 구원에 영향을 끼친다고 주장했다. 그래서 십자군 전쟁에 참여하거나 군수물자를 지원하면 면죄부를 발급해주기도 했다. 이러한 면죄부는 돈으로 살 수도 있었는데, 1500년대에 들어서서는 '노동＝노력'으로 인식해서 노동이라는 노력을 하였으므로 노동의 대가로 받은 돈으로 면죄부를 사는 것도 용인되었다. 구원의 가장 기본 단계인 '죄 인식, 죄 사함'을 인간의 노력, 그중에서도 돈으로 해결할 수도 있다고 본 것이다.

반대로 루터는 구원은 행위가 아닌 '믿음'에서 시작된다고 주장했다. 물론 루터도 처음부터 믿음으로 구원에 이른다고 주장하지는 않았다. 당시 성경은 현재 가치로 수억 원에 달했기 때문에 개인 소장이 거의 불가능했다. 게다가 성경은 라틴어로 기록되어 있어서 제대로 해석할 수 있는 사람도 흔치 않았다. 루터도 성직자가 된 이후에야 처음으로 성경을 읽을 수 있었다고 한다.

성경을 직접 연구하기 전에는 루터도 로마 교회의 방침을 따랐다. 하지만 성경을 연구하고, 동시에 교회의 부정부패가 날로 심해지는 과정을 목격하면서 로마 교회에 회의를 품게 되었다. 그 후 루터는 로마 교회의 교리에 반대하고 성경을 토대로 이신칭의 교리를 주장하며 '믿음'에 무게를 두고 구원에 대한 교리를 체계화했다.

"하나님의 의가 복음 속에 나타납니다. 이 일은 오로지 믿음에 근거하여 일어납니다. 이것은 성경에 기록한 바 "의인은 믿음으로 살 것이다" 한 것과 같습니다." 《로마서》 1장 17절(표준새번역)

루터는 위의 구절을 바탕으로 인간의 구원은 어떤 행위나 공로로 주어질 수 없다고 주장했다. 이러한 루터의 주장은 로

안태근 전 검찰국장을 구원한 '이신칭의'의 함정

마 교회에 큰 파장을 불러일으켰고, 누구나 믿음을 통해 구원을 얻을 수 있다는 교리에 시민들은 크게 호응했다. 하지만 아쉽게도 당시 로마 교회의 모순에 집착한 나머지 인간의 공로 자체를 부정하면서 '행위'에 대한 중요성을 무시하고 말았다.

물론 루터를 비롯한 종교개혁가들은 믿음을 통해 의롭게 된 이후 인간은 '성화聖化'의 단계를 통해 신성한 인격을 완성하는 일을 도모한다고도 했다. 칭의와 성화를 따로 분리할 수 없음도 분명히했다. 하지만 의롭게 되는 것과 이후의 삶이 개념적으로 구분되면서 삶으로 보여주는 거룩함보다는 순간적인 신적 개입으로 이뤄지는 법정적 개념의 칭의에 더 무게가 실리게 된 것이다.

그렇게 기독교는 현재까지도 믿음과 행위를 저울질하며 구원론에 대한 논의를 지속해왔다. 시대별로 시대의 요구에 따라 때로는 '믿음'에, 때로는 '행위'에 초점을 맞추며 설전을 펼쳐왔다. 그리고 여전히 교파마다 교단마다 심지어는 개인마다 주장하는 바가 다르다. 그렇다면 기독교가 말하는 참된 구원의 교리는 과연 무엇일까?

칭의는 '과정'이다

한 역사가는 기독교는 로마의 국교로 인정된 직후부터 극도로 타락하게 되었다고 주장했다. 그렇게 정치와 맞물려 지금의 유럽과 중동, 북아프리카 지역을 지배하던 로마 교회는 중세 1000년을 호령하며 온갖 부정부패의 중심에 있었다. 종교개혁 당시 루터가 로마 교회를 묘사한 내용을 보면 부패의 정도를 짐작할 수 있다.

"로마교황청은 퇴폐에 물들어 있고, 병독에 감염되어 있으며, 상상조차 할 수 없을 정도로 음란하고, 식도락을 즐기며, 사기꾼 집단이고, 권세욕에 눈이 어두워 있고, 하나님을 비방하는 모독과 혼돈으로 가득 차 있다."

이처럼 기독교는 시작부터 정치와 결탁하며 각종 이권 다툼의 중심에 있었고, 인간의 탐욕이 표출되는 분출구 역할을 해왔다. 이러한 과정에서 등장한 구원에 관한 이런저런 교리들은 사실 시대의 요구에 따라 제시된 것들이었다.

따라서 박해와 고난 속에서 순전한 믿음을 지키고자 했던 초기 기독교의 모습을 살펴보는 것은 기독교의 구원에 대한 진리를 이해하기 위해 꼭 필요한 작업이다. 특히 초기 기독교의 끝자락에서 기독교를 가장 잘 체계화한 아우구스티누스 Aurelius Augustinus의 견해를 알아보는 것은 매우 중요하다.

많은 학자가 인정하듯이 기독교 사상에 아우구스티누스만큼 큰 영향력을 발휘한 신학자는 없었다. 한 시기에만 국한할 수 없는 아우구스티누스의 영향력은 2000년 교회사와 맞물려 있다고 해도 과언이 아니다. 영국의 신학자 알리스터 맥그라스 Alister E. McGrath는 "모든 신학은 그 정도가 크든 작든 아우구스티누스적이다"라고 말하기도 했다. 따라서 아우구스티누스의 칭의 이론을 살펴보는 일은 매우 중요하다.

아우구스티누스는 '작용operation'과 '협력co-operation'이라는 단어를 통해 하나님의 '은총/은혜'를 구분했다. 하나님은 칭의라는 행위를 통해 인간에게 '작용'하고, 칭의라는 과정을 통해 인간과 '협력'해나간다는 뜻이다. 따라서 아우구스티누스는 신적인 행위를 통해 인간이 의롭다고 부름을 받았다고 해서 즉시 완벽하게 성숙한 인간으로 변화하는 것은 아니라고 보았다. 인간은 거룩함과 영적인 생활을 위해 공로를 획득해야 하는데, 물론 이 공로의 원천은 하나님이다.

아우구스티누스는 4세기 알제리 및 이탈리아에서 활동한 기독교 신학자이자 주교이다. 개신교, 로마가톨릭 교회 등 서방 기독교에서 존경받는 인물이다.

결과적으로 '의로움'은 하나님이 인간에게 단순히 '수여'하는 것이 아니라 인간을 의롭게 만드는 '과정'으로 이해해야 한다는 것이다. 따라서 기독교인에게 가장 중요한 것은 '믿음을 갖는 것'이 아니라 '믿음을 유지하는 것'이라고 아우구스티누스는 강조한다. 그는 《삼위일체론De Trinitate》에서 '지식적인 믿음'과 '의롭게 하는 믿음'을 철저하게 구분하고 성경에서 말하는 참된 의로움은 후자라고 명시했다. '의롭게 하는 믿음'에는

'하나님의 사랑'이라는 주제가 핵심으로 작용한다. 그는 '사랑에 의하여 작동하는 믿음'이 성경적 구원 개념의 키워드라고 가르쳤다. 그것은 하나님을 사랑함과 동시에 이웃에 대한 사랑에 불을 붙인다.

아우구스티누스의 칭의는 종교개혁가들이 말했던 '오직 믿음으로 의롭게 된다'로 요약되지 않는다. '오직 사랑으로 의롭게 된다'로 요약된다. 영적 재생과 윤리적 재생을 모두 언급한 것이다. 이처럼 아우구스티누스는 믿음과 행동을 구분하지 않았다. 기독교 교리에서 사용하는 용어인 '칭의'와 '성화' 역시 단계로든 어떤 형태로든 따로 구분하지 않았다. 하나님에게 구원받고 그 의로움 안에 있는 자들이 과연 사랑이 없는 행동을 지속할 수 있겠는가?

'쉬운 기독교'가 된 한국 교회

지금까지 한국 교회는 '믿음'이라는 도구를 통해 구원에 이를 수 있다고 가르쳐왔다. 하지만 16세기 종교개혁 시대의 교리에 치중하여 '믿음'을 순간적 사건으로 이해하는 오류를 범했다. '기독교인이 되는 것'과 '기독교인으로 살아가는 것'을 개념적으로 구분하고, 말로 쉽게 할 수 있는 '기독교인이 되는 것'을 선호했으며, 긴 시간 삶으로 증명해야 하는 '기독교인으로 살아가는 것'은 나중 문제로 치부해버렸다. 하지만 말로 표현된 믿음은 '기호sign'일 뿐 '실재reality'가 아니다. 따라서 '믿는다'고 말하면서 행동하지 않는 것은 기호일 뿐 실재가 아니다.

그럼에도 '기호'를 통한 효과적인 전도 방법을 택했던 한국 교회는 그렇게 '쉬운 기독교'로 전락해버렸다. 왜 그토록 불의한 과거를 가진 이들이 유독 한국 교회를 이용하여 자신의 죄과를 쉽게 용서받으려고 하는 걸까? 셀프 용서, 셀프 구원이 가능한 곳이 한국 교회라는 데 대해 한국 교회는 무어라 말할 수 있을까?

기독교의 구원에 대한 논의의 역사는 길다. 오랜 기간 지속한 만큼 단순한 결론을 도출하기란 무리가 있다. 하지만 가장 중요한 사안은 믿음과 행위의 관계, 그리고 그 관계와 구원과의 연관성이다. 그런 의미에서 아우구스티누스의 구원론은 반드시 재조명되어야 한다. 아우구스티누스에게 칭의는 사역적인causative 과정인 동시에 인간을 의롭게 만드는 '과정'이지 '믿는다'고 말하는 찰나를 의미하지 않는다.

10

'예수천당 불신지옥'은
어디서 왔나

남북한 단일팀 구성, 한반도기 사용과 선수단 동시 입장 등으로 정치적 갈등이 있었으나 한반도를 중심으로 포진해 있는 열강들 사이에서 올림픽 정신을 발휘해 현안들을 풀어나가야 했던 평창 동계올림픽은 우리에게 매우 중요한 행사였다.

그런데 국민들의 눈살을 찌푸리게 한 장면이 목격되었으니, 바로 경기 중계 화면 중간에 보인 노란 피켓의 문구였다. "JESUS=HEAVEN, NO JESUS=HELL." 즉, '예수천당 불신지옥'이다.

예수천당 불신지옥의 태동

1945년까지만 해도 한국의 개신교 신자는 인구의 2퍼센트에 불과했다. 당시 우리나라 인구가 2000만 명 정도였으니 대략 40만 명이 개신교 신자였던 셈이다. 한편 2015년 통계청 조사에 따르면 인구의 19.7퍼센트, 약 967만 명이 기독교인이라고 한다. 1945년에 비해 인구가 두 배 이상 늘어난 사실을 고려하더라도, 70년 만에 개신교 신자 수가 40만에서 967만까지 늘어난 것은 분명 놀라운 일이다. 이러한 폭발적인 증가 탓에 한국 교회는 전 세계 기독교계의 연구 대상이 되었다. 어떻게 이런 현상이 가능했던 걸까?

기독교의 급성장에는 크게 세 가지 요인이 있었다. 기복신앙, 정치적 특수성, 그리고 도시화로 인한 가족 구조의 변화이다. 우리나라에서는 기독교의 하나님이 '천지신명' 또는 '하늘'이라는 기존의 개념과 일맥상통하는 부분이 있기에 큰 거부감 없이 받아들여질 수 있었다. 또한 기독교의 죄 사함에 대한 교리가 친일 행위에 대한 면죄부를 부여해줘서 친일 정치 세력이 국가 차원의 지지를 얻을 수 있었다. 또 경제 성장에 따른 도시화로 가족 구조가 변했고, 교회는 소외된 사람들의 공동체 역할을 했다.

물론 외부적 요인에 의해서만 한국 교회가 성장한 것은 아니었다. 내부에서 성경의 진리를 전파하기 위해 부단히 애써왔다. 가장 대표적인 발판이 '전도'였다. 격동의 시기에 외쳤던 '예수천당 불신지옥'은 한때 한국 교회를 대표하는 구호이기도 했다. 표현이 자극적이고 선동적이어서 안 좋게 평가하는 이들도 많았지만, 간결하면서도 의미 전달이 분명해 긍정적 평가를 받았던 것도 사실이다. 좋건 싫건 간에 시선을 모으기에 충분했고 파급력 또한 컸다.

'예수천당 불신지옥'이 어떻게 이토록 큰 효과를 거둘 수 있었을까? 우리 선조들은 죽음을 삶의 연장이자 새로운 시작이라 믿었다. '예수천당 불신지옥'은 '천당'이라는 죽음 이후의 삶을 약속했다. 그와 더불어 예수를 믿지 않으면 '지옥'에 갈 것이라며 내세에 대한 두려움을 심어주었다. 일제강점기와 한국전쟁을 거치며 피폐해진 사람들에게 '예수천당 불신지옥'은 희망의 메시지가 되었다.

우리나라에서 처음으로 '예수천당 불신지옥'을 외쳤다고 알려진 인물은 최봉석崔鳳奭(1869~1944) 목사다. 최 목사는 언행이 반듯했고, 평안하고 안정된 삶을 추구하기보다는 불편과 고됨을 견디는 참된 신앙인의 기개가 있는 인물이었던 듯하다. 한국 교회에서는 '최권능'이라는 이름으로 더 많이 알려져 있는데, 서울신학대 허명섭 박사는 최 목사를 다음과 같이 평가했다.

최봉석 목사

평양 강동현 미곡창장으로 근무했던 최준서의 셋째 아들로 1869년 1월 7일 평양에서 태어났다. 1885년 평양 감영의 통인으로 공직을 수행했던 최봉석은 국고를 손실했다는 혐의로 경상북도 상주로 귀양을 갔다. 이후 아내의 산후조리를 도운 상주교회에서 "예수를 믿고 회개하여 새 사람이 되어야 합니다"라는 말을 듣고 회심하여 기독교인이 되었다. 귀양살이 후 평양으로 돌아온 최봉석은 예수에 대한 복음을 전하기 시작했다. 하지만 아내를 비롯하여 주변인들로부터 미치광이로 취급받아 이혼까지 했다.

1907년 38세에 벽동교회에서 봉사하며 7년간 신학교에서 교육을 받고 목사가 되었다. 신학교육을 마친 1913년 만주에 파송되어 전도 목사로 14년간 활동했다. 그는 배고픔과 극심한 배척에도 불구하고 28개의 교회를 개척하는 성과를 보였다. 1927년 평양으로 돌아온 뒤 전도에 전념했던 그는 1938년 조선예수교장로회의 신사참배 결의에 대해 "총회는 사탄의 회로 전락했다"고 하며 신사참배에 반대했다.

1939년 70세가 되던 해 5월 15일 항일 운동 및 신사참배를 반대한다는 죄목으로 감옥에 갇혀 6년간의 옥고를 견뎌야 했다. 감옥에서 조국의 광복과 복음을 위한 40일간의 금식 기도 후 병보석으로 석방되었지만 5일 후인 1944년 4월 15일, 75세의 나이로 생을 마감했다.

교인들의 담뱃대를 모아 꺾어 버리고 주일 성수를 하지 않으면 세례를 주지 않는 등 다소 과격한 신앙을 소유했다는 평가가 있지만 어려운 이웃을 돌볼 줄 알고, 항일 운동에 참여하며 신사참배에 반대하는 등 고집스러울 만큼이나 견고한 신앙심으로 많은 이들에게 존경받았다.

"그는 때와 장소를 가리지 않고 "원초적이고 순수한 신앙으로 전도에 헌신했던" 한국 교회사 속의 위대한 '전도대장'이었고, 예수 복음의 맛을 깊이 알았던 진짜 예수꾼이었다. 일신의 안일과 명예보다 주님의 명예가 더욱 소중함을 깨달았던 예수의 충복이었던 것이다." 《크리스천투데이》 2005. 11. 8

최 목사는 '예수 믿고 구원받으면 복 받고 잘살게 된다'는 결과론적 신앙의 소유자가 아니었다. 오히려 부유했던 삶을 뒤로하고 가난한 이들에게 베풀었다. 신사참배를 거부했다는 이유로 감옥에 끌려가 온갖 고문을 받으면서도 믿음을 지킨 존경의 대상이었다. 최 목사는 일제의 탄압 속에서 기독교를 전파하기 위해 '예수천당 불신지옥'을 외치며 자신의 삶을 통해 기독교 신앙을 입증했다.

그런데 어쩌다 21세기 한국 교회는 '예수천당 불신지옥'을 이렇게 우스꽝스럽게 만들어버렸을까?

달면 삼키고 쓰면 뱉는다

우선 '예수천당 불신지옥'이 기독교의 올바른 메시지인지부터 알아봐야 하는데, 일단 기본적으로는 '성경적'이라고 평가할 만한 부분이 있다. 성경이 '인간이 예수를 믿고 구원을 받으면 천국에 갈 수 있다'고 말하기 때문이다. 따라서 '예수천당 불신지옥'은 이러한 내용을 요약한 구호라고 볼 수 있다. 특히 '예수천당'이라는 말은 '이신칭의' 교리와도 연결된다. 앞 장에서 살펴봤듯이 이신칭의는 종교개혁가 마르틴 루터의 핵심 사상이다. 그러므로 너도나도 종교개혁 정신을 계승하고 있다는 한국 교회의 입장에서 '예수천당 불신지옥'은 어느 모로 보나 크게 흠잡을 데 없는 구호다.

하지만 '예수천당 불신지옥'에는 중요한 것이 빠져 있다. 믿고 난 뒤 어떻게 살아야 하는가에 대해 언급하지 않는다는 것이다. 따라서 잘못하면 '믿기만 하면 천국에 갈 수 있다'는 단순 논리로 흐를 수 있다. 즉, 믿기만 하면 된다는 편리함만 취하고, 치열하게 살아내야 하는 삶에 대한 부분은 던져버리는 것이다.

삶으로 증명해야 하는 신앙

흔히 기독교인을 '신앙인'이라고 부른다. 특정 대상을 신앙信仰, 즉 '믿고 우러르는' 사람을 뜻한다. 이 단어에는 삶에 대한 직접적인 언급이 없다. 전도를 통해 '믿음'을 갖게 되는 것을 한국 교회에서는 '영접迎接'이라고 하는데, 이 단어 역시 신과 인간의 만남까지만 언급하고 있다.

한국 교회는 '신앙'이나 '영접' 같은 단어를 매우 중요하게 사용해왔는데, 반면 기독교인으로서 어떻게 삶을 살아가야 하는지에 대한 부분은 등한시했다. 한국 교회가 해온 '노방전도路傍傳道'나 '단기선교' 등도 우리네 삶에 대해서는 침묵한다. 길거리에서 도道를 전傳하는 행위만으로는 어떠한 삶의 증거도 찾아낼 수 없다.

처음 '예수천당 불신지옥'을 외쳤던 최봉석 목사는 본인의 신앙을 증명하는 삶을 살았기 때문에 '권능'이 있었던 것이고, 그가 외친 구호에도 설득력이 있었던 것이다.

바울: 논쟁하는 소통의 활동가

바울이 그리스도의 소식을 알리기 위해 떠난 여행에 주목해
보자. 바울은 총 세 차례 여행을 떠났는데, 첫 번째 여행에서
는 3년에 걸쳐 14개 도시를 다녔고, 두 번째 여행에서는 2년

흔히 '사도 바울'이라 불리는 바울은 현재의 터키에 있는 길리기아의 수도 다소에서 태
어났다. 바리새인이자 유대의 율법학자로서 예수를 메시아로 인정하는 이들을 박해했
으나 다마스쿠스(현 시리아의 수도)에서 예수를 만나 회심하여 기독교인이 되었다. 이후
예수가 메시아임을 전파하며 초기 기독교를 이끈 뛰어난 지도자 가운데 한 사람이다. 그
는 당시 지중해에 있는 로마 제국의 주요 도시를 돌아다니며 전도 여행을 했다. 세 차례
에 걸쳐 약 10년간 전도 여행을 하며 유대교와 구분된 기독교를 확립하는 데 크게 기여
했다.

간 13개 도시를, 마지막 세 번째 여행에서는 5년간 20여 개 도시를 누볐다. 총 10년에 걸쳐 여행했는데, 주로 첫 번째 여행에서 다녔던 곳들을 재방문하였다. 자신이 세운 교회 성도들의 믿음을 보다 견고하게 하기 위해서였다.

고린도나 에베소에는 각각 1년 반, 3년간 머무르며 현지에 거주하는 이들과 직접 소통했다. 특히 바울이 그리스 아테네(한국어 성경에는 '아덴'이라고 되어 있다)에 방문했을 때를 살펴보면, 그가 택한 전도 방식이 일방적으로 외치는 것이 아니었음을 알 수 있다.

> "그래서 바울은 회당에서는 유대 사람들과 이방 사람들과 예배자들과 더불어 토론을 벌였고, 또한 광장에서는 만나는 사람들과 날마다 토론하였다. 그리고 몇몇 에피쿠로스 철학자와 스토아 철학자도 바울과 논쟁하였는데 …"
>
> 《사도행전》 17장 17~18절(표준새번역)

토론하고, 강론을 펼치고, 사람들과 만나 대화하며 설득을 통해 전도하려던 바울의 노력은 오늘날 한국 교회가 메시지를 던지는 방식에 문제가 있음을 시사해준다.

번갯불에 콩 구워 먹는 전도

해방 이후 주체할 수 없을 정도로 덩치가 불어난 한국 교회에 누구 하나 제동을 걸지 못했다. 덕분에 왕정 시대에나 가능할 법한 일이 벌어졌다. 다윗과 솔로몬 같은 성경의 위인들이 '목사'로 둔갑했다. 성경에도 없는 '주일 성수'라는 이름으로 매주 빠지지 않고 예배에 참여하길 독려했다. 아프고 힘들어도 일요일에 교회에 오지 않으면 하나님의 계명을 어기는 것이라고 윽박질렀다.

급속한 경제 성장으로 없던 돈이 쌓이기 시작한 한국 교회는 삶에 대한 부분은 뒤로 감추고, 믿기만 하면 구원을 얻을 수 있다는 비성경적 가치관으로 제 덩치를 키우는 데만 주력했다. 구원을 얻으면 돈과 명예, 성공을 얻을 수 있다고 가르쳤다. 누가 고난 속에서 찾아오는 기쁨을 맛보며 그리스도인으로서 살기를 원하겠는가?

신약성경의 많은 부분을 작성한 바울은 몇 달 혹은 몇 년씩 머물며 사람들과 대화하고 의견을 주고받으면서 그들을 설득하고자 노력했다. 일방적인 강요가 아니었다. 동시에 그들과 함께 살아감으로써 자신이 믿는 예수 그리스도의 진리를 보여주려 했다. 단순히 내뱉고 마는, 쉽고 단순한 방법을 택하지 않았다. 삶으로 보여주고 토론과 대화를 통해 알렸다.

그동안 한국 교회는 '예수천당 불신지옥'을 잘 이용해왔다. 너무 쉬웠다. '믿으라'고 소리 지르는 게 얼마나 쉬운가? 하지만 삶이 드러나지 않는 외침은 공허하기만 했다. 그 결과 지금은 아무도 이 구호로 교리를 전하려 하지 않는다. 물론 듣는 사람들이 설득되지 않는다. 오히려 '예수천당 불신지옥'은 외면당하고 거부당한다. 심지어 증오하는 이들도 있다. 과연 한국 교회는 이러한 사회적 현상에 대해 어떠한 책임을 질 수 있을까?

그리스도의 가르침을 전하고 싶다면 먼저 자신의 삶을 돌아봐야 한다. 아무나 나와서 '예수천당 불신지옥'을 외쳐서는 안 된다. 최봉석 목사 같은 사람이 나와서 전해야 설득력이 있다.

또한 무조건 외쳐서도 안 된다. 끊임없는 대화와 토론하는 과정을 거쳐야 한다. 그렇지 않으면 한국 교회는 지진과 같은 재난을 보며 안타까워하기보단 "종교인 과세 때문에 하나님이 벌을 주셨다"라고 말하는 비상식적인 이들로 가득 찰지도 모른다.

"그곳 유다인들은 데살로니카 유다인들보다 마음이 트인 사람들이어서 말씀을 열심히 받아들이고 바울로의 말이 사실인지 알아보려고 날마다 성서를 연구하였다."

《사도행전》 17장 11절(공동번역)

11

한국 교회의 엘리트 카르텔

《The L》의 장윤정 변호사는 네이처리퍼블릭 정운호 대표의 변호인 최유정 전 판사의 예를 들며 법조계의 '엘리트 카르텔'을 지적했다('사시 인맥 카르텔 속 만연하는 '법조비리'… 대안은', 《The L》 2016. 5. 23). '사법연수원 출신'이라는 집단의식과 사회의 상위 계층(엘리트)이라는 자부심이 결국 자신들만의 카르텔로 이어졌고, 그로 인해 서로에게 이득이 되도록 부정한 비리를 저지르는 사례가 적지 않다고 꼬집었다.

한편 삼성전자의 이재용 부회장이 구속 353일 만에 석방됐다. 이 부회장의 석방 자체도 큰 화제지만, 그에게 집행유예를 선고한 정형식 부장판사의 판결문에 더 많은 이목이 쏠렸다. 라면을 훔쳤다는 이유로 징역형을 선고하는 법원이 재벌 앞에서는 깍듯하게 고개라도 숙이는 듯한 내용 때문이었다. "어떤 기업인이 대통령의 제안을 뿌리치겠는가?"라는 정 판사의 《조선일보》인터뷰 내용도 문제였다. 언제부터 재판부가 피고의 입장에 감정적 배려까지 해주었단 말인가? 영국의 《파이낸셜 타임스》도 이번 판결에 대해 '재벌의 화이트칼라 범죄에 관대한 한국 법원의 관행이 반복되었다'라고 보도했다.

그렇다. 비록 정권이 바뀌었어도 그동안 '우리가 남이가'라며 똘똘 뭉친 기득권 세력은 여전히 건재하다. 이 부회장의 항소심 판결은 처음부터 예고된 것이었다는 박주민 의원의 말처럼 이 부회장의 재판은 잘 짜인 각본대로 흘러갔다.

이 부회장이 어마어마한 금액의 뇌물 혐의에도 유유히 감옥을 빠져나올 수 있었던 것도, 법조계 인사들이 각종 비리에도 제대로 된 처벌 없이 흐지부지 넘어갈 수 있었던 것도 이와 같은 '엘리트 카르텔'형 부패와 연관이 깊다.

정·재계가 혈연이나 학연, 지연 등으로 복잡하게 얽혀 있는 터라 서로서로 봐주는 관행이 늘 있어왔다. 이뿐만 아니라 '관피아'라고 불리는 정부 기관의 고위 관료들이 퇴직 후 대기업에서 자리를 보장받는 조건으로 얼마나 부당한 일들을 해왔던가?

엘리트 카르텔이란

2015년 4월 KBS 〈명견만리〉에 출연하여 한국의 부정부패를 진단한 김영란 전 대법관은 뉴욕주 콜게이트 대학Colgate University 마이클 존스턴Michael Johnston 교수의 연구를 인용하며 한국을 '엘리트 카르텔'형 부패 국가로 분류했다.

'엘리트 카르텔'이 뭘까? 국어사전은 '엘리트'를 '사회에서 뛰어난 능력이 있다고 인정한 사람'이라고 풀이한다. 그래서 우리나라에서는 흔히 '엘리트'라고 하면 '뛰어난 사람' 혹은 '어려운 시험을 통과한 학식과 인격을 갖춘 인재'를 떠올리곤 한다. 하지만 영어에서 'elite'는 단순히 사람의 능력을 평가하는 단어로 사용하지 않는다. 귀족주의적 발상에서 시작된 단어로서 지배 계급 같은 특정한 '계층'을 나타낼 때 쓴다. 따라서 '엘리트'는 대단한 능력을 소유하거나 뛰어난 사람을 뜻하는 말이 아니라, 실력이 있든, 좋든 나쁘든 관계없이 모종의 권력을 가진 사람이나 집단을 지칭하는 단어이다.

카르텔cartel은 네덜란드어에서 유래한 말로, 원래는 '서로 적대하는 국가들 사이에 체결된 서면 조약'이라는 뜻이었다. 지금은 주로 '기업 연합'이라고 해석하는데, 같은 산업에 종사하는 기업들이 자유 경쟁을 배제하여 독과점적 수익을 올리기 위해 실시하는 '부당한 공동 행위'를 의미한다.

따라서 '엘리트 카르텔'은 특정 계층이 부당한 공동 행위를 통해 독과점적 수익을 올리는 행위라고 요약할 수 있다. 엘리트 카르텔형 부패는 정치인이나 정부 관료, 법관, 대기업 임원, 교수 등 우리 사회의 엘리트라 불리는 특수 계층 사람들이 자신들만의 네트워크를 만들어 부당한 이득을 취하는 권력형 부패이다.

명성교회 헌금 강요 논란

부자 세습으로 논란이 된 명성교회에서 헌금을 강요했다는 보도로 한국 교회가 또다시 구설에 올랐다. 교회에서 직분을 맡으면 권사나 안수집사는 300만 원, 장로는 3000만 원씩 교회에 '감사 헌금'을 내야 했다고 한다. 교회는 교인들의 자발적인 헌금이었다고 해명했지만, 그동안 한국 교회에서 헌금은 암묵적으로 강요되어왔다. 자발적 헌금이라는 교회 입장은 변명이다. 감사 헌금, 건축 헌금, 심지어 생일 헌금 등 성경에도 없는 갖가지 헌금을 고안하여 교인들에게 헌금을 내야 한다고 가르쳐왔던 게 한국 교회 아니었던가.

물론 한국에 있는 모든 교회가 이런 식으로 헌금을 종용하진 않는다. 유독 내로라하는 대형 교회들에서 이 같은 관행들이 이어져 오고 있는데, 이번에 문제가 된 명성교회도 30년이 넘도록 정해진 액수의 헌금을 하도록 요구했다고 하니 사실상 보이지 않는 규칙이나 다름없었을 것이다.

그런데 교회가 이렇게 암묵적인 방식으로 헌금 액수를 규정해놓아도 되는 걸까? 신약성경은 헌금에 대한 기준을 다음과 같이 제시하고 있다.

"각각 마음에서 우러나는 대로 내야지 아까워하면서 내거나 마지못해 내는 일은 없어야 합니다. 하느님께서는 기쁜 마음으로 내는 사람을 사랑하십니다."

《고린토인들에게 보낸 둘째 편지》9장 7절(공동번역)

성경에서 말한 바와 같이 헌금은 교회에서 금액을 정해놓을 수 없는 것이다. 내는 사람이 자발적이고 '기쁜 마음'으로 내야 한다. 기쁘지 않으면 억지로 낼 필요 또한 없다. 이번에 문제가 된 교회의 헌금 강요가 심각한 사안인 이유도 헌금을 받는 쪽에서 액수를 정해주었기 때문이다. 이는 성경을 따른다는 교회가 성경과 상반된 기준을 제시한 것이나 다름없다.

그런데 이처럼 명백하게 잘못된 규정을 교인들은 왜 그토록 열심히 따랐던 걸까?

한국 교회의 엘리트 카르텔

형태는 다르지만 '엘리트 카르텔'의 문제는 한국 교회에도 존재한다. 교회에도 계층이 있고 계층별로 보이지 않는 계급이 있기 때문이다. 이와 같은 반성경적인 교회 내 계급 구조는 대부분 집사, 권사, 장로 등의 직분을 통해 드러난다. 사회에서 성공한 이들이 교회에 안착하여 그 시스템을 그대로 교회에 도입하면서 시작된 문화다.

조선 시대를 지배한 유교적 가부장제의 영향에서 시작된 한국 교회의 계급화는 사회의 조직 문화 속 계급화와 다르지 않다. 원래 기독교는 '평등'을 우선시하는데, 유교적 가부장제가 악의적 변종으로 교회 안에 자리 잡은 셈이다. 목사와 성도 간

수직적 위계 관계, 남녀의 성차별, 그리고 믿음의 가문과 그렇지 않은 가문의 구분 등이 한국 교회에 만연하다. 그리고 그 모순을 정당화하기 위해 성경의 몇몇 구절을 앞뒤 맥락 없이 들어내 이용하기도 한다.

그 결과, 성경에 따르면 단순한 역할 분담으로 끝났어야 할 권사와 장로 같은 직분에 계급이 부여되었다. 왜 많게는 3000만 원에 달하는 헌금을 내야 했을까? 헌금의 액수를 제시한 교회의 지침이 철저하게 반성경적임에도 왜 그 많은 돈을 내가면서까지 권사와 장로가 되어야 했을까? 답은 간단하다. 특권을 누릴 수 있는 계급, 존경과 선망의 대상이 될 수 있는 위치로 도약하기 위해서다.

물론 참된 믿음을 바탕으로 교회를 위해 헌신한 이들도 분명 존재한다. 하지만 잘못임을 알고도 문제를 지적하지 못하고 순응한 데에는, 목회자에게 순종해야 한다고 가르친 거짓 목회자에게 일차적인 책임이 있지만, 강요된 헌금을 직분을 통해 얻는 계급과 품위에 대한 대가로 여긴 이들에게도 분명 책임이 있다.

특히 대형 교회에서 부여한 직분에는 상징적 의미가 있다. 대형 교회에서는 사회적 지위와 인품, 신앙과 재력을 두루 갖춘 인사가 직분을 받는다. 권사, 장로라고 다 같은 권사, 장로가 아닌 것이다. 어느 교회의 권사, 장로냐에 따라 신분이 달라진다. 대형 교회를 중심으로 서민의 옷을 벗고 귀족의 옷을 입은 종교적 카르텔이 형성되어 있는 것이다.

물론 이러한 한국 교회의 직분별 카르텔은 이재용 부회장이나 최유정 변호사의 그것과는 사뭇 다르지만, 특수 계층(엘리트)으로서 맛볼 수 있는 상대적 우월감에 대한 욕구는 사회나 교회나 동일하다. 결국 그들 또한 자신에게 부여된 기득권으로 교회 내의 또 다른 엘리트 카르텔을 만들어냈다고 볼 수 있지 않을까?

목사, 그들만의 리그

엘리트 카르텔은 목사들에게서 더욱 두드러지게 나타난다. 전병욱 성추행 사건이 대표적인 예다. 2010년 9월, 서울 용산구 삼일교회의 담임목사였던 전병욱의 성추행 사실이 드러났다. 당시 엄청난 인기를 끌던, 청년들의 대표 목사였던 그의 성추행 사건은 교계에 큰 충격을 안겨주었다.

문제는 여느 유명 목사가 성폭력의 가해자라는 점에 그치지 않는다. 중요한 점은 여전히 사건이 해결되지 않았다는 것이고, 교회의 치리를 담당하는 총회가 이 사건을 유야무야 덮고 넘어가려 했다는 것이다. 전병욱이 소속된 대한예수교장로회(합동) 총회는 더 이상 전병욱의 성폭력 사건에 대해 시시비비를 가리지 않겠다고 했다. 다수의 피해자가 증언하고 법원의 판결이 있음에도 불구하고 '더 이상 에너지 소모하지 말고 이제 그만하자'는 것이 총회의 입장이다('전병욱 목사 사건, 이미 총회에서 결론 난 것',《뉴스앤조이》2017. 6. 13).

한국 교회 내에서 '성공한' 목회자들은 이재용 부회장처럼 잘못이 있어도 그에 대한 정확한 조사를 받지 않고, 재판을 받는다 해도 법의 그물망을 피해 갈 수 있다. 치리를 하는 사람들과 얽히고설킨 인간관계, 그들만의 카르텔이 존재하기 때문이다. 처벌도 미미하다. 현재 전병욱은 마포구에 홍대새교회를 개척하고 왕성하게 목회 활동을 하고 있다. 추악한 성범죄를 저지른 사람이 서울 중심가에서 버젓이 목회를 하는 일이 어떻게 가능했겠는가?

목사라고 다 같은 목사가 아니다

우리나라의 '혼합주의'와 교회의 모습을 연구한 토마스 케른 Thomas Kern은 한국에서의 성공은 개인의 땀으로만 이뤄지지 않는다고 분석했다. 특히 집안의 내력이나 부, 명문대 졸업, 영미권 유학 경험 등이 사회적 성공의 주요 요인으로 작용한다고 보았다. 19대 국회의원만 봐도 서울대 출신이 38퍼센트, 연세대와 고려대 출신이 각각 9퍼센트였으며, 박사 학위 소지자도 25퍼센트나 되었다.

토마스 케른은 한국 사회에는 '규범적 동형화'라는 특별한 메커니즘이 있어서 어떠한 규범이나 제도에 국민들이 집단으로 쏠리는 현상이 나타나는데, 이러한 거대한 사회적 움직임

토마스 케른(Thomas Kern)
독일의 인문사회과학대학인 밤베르크 대학의 사회학 교수다. 사회에 내재한 차별과 불평등에 대한 사회 이론 및 시민운동과 민주주의의 관계, 종교문제 등에 깊은 관심을 갖고 연구 활동을 이어가고 있다. 연세대학교에서 연구원으로 활동하던 시기, 우리나라와 관련된 논문을 발표하였는데, 대표적으로는 2001년 서울대학교 종교문제연구소에서 발행한 《한국과 독일의 혼합주의》와 한국인문사회과학회에서 발행한 《문화 비교에서 연구자 관점의 불일치》 등이 있다.

이 엘리트 카르텔과 깊은 연관이 있다고 분석했다. 수직적 계급이 존재하도록 한 원동력이 바로 '엘리트 카르텔'에 있다는 것이다.

한국 교회의 목사에게도 그들만의 리그, 즉 카르텔이 있다. 일반적으로 교인 수에 따라 리그가 결정된다. 상황이 비슷한 이들끼리 말도 잘 통한다고 했던가. 교인 수가 몇천 명 이상 되는 교회 목회자들의 특권 의식은 한국 교회의 패거리 목회 문화를 양산했다. 사회에서의 '엘리트 카르텔'과 같은 집단적 특권 의식의 구조화 현상이 교회와 목사들에게서도 나타난 것이다.

흥미롭게도 교회의 엘리트 카르텔은 목사를 양성하는 신학대학원의 서열과도 관련이 깊다. 마치 서울대를 위시한 대학 서열이 존재하듯이. 우리나라를 대표하는 몇몇 대형 기독교 교단은 교육부에서 정식 인가를 받아 대학교와 대학원을 운영하고 있다. 이러한 신학대학들 사이에도 순위가 있어서 인지도가 높은 학교를 졸업하면 졸업 이후 취업 선택의 폭이 넓어진다. 대표적인 몇몇 신학대학 출신만 등용하는 교회도 많다.

반면 같은 교단이라 하더라도 지방에 있는 신학대학이나 규모가 작고 인지도가 낮은 신학대학을 졸업하면 특정 교회에 부임하는 것은 엄두조차 낼 수 없다. 우리 사회의 엘리트 카르텔이 교회와 신학교에도 그대로 존재하는 셈이다. '평등'을 가장 우선시한 종교개혁의 정신을 따른다는 한국 교회는 '불평등'의 본산지가 되었다.

종교개혁과 한국 교회의 엘리트 카르텔

마르틴 루터의 종교개혁은 기독교 신앙에 새로운 혁명을 불러왔다. 루터가 주장한 믿음과 개인 구원의 연결고리는 당시 '교회주의'가 확연했던 로마 교회에 폭탄과도 같았다. 하지만 '개혁'이라는 이름의 화려한 평가 뒤에는 루터가 남겨놓은 어두운 그림자 역시 존재했다.

프랑스의 역사학자 뤼시앵 페브르Lucien Febvre는 자신의 책 《마르틴 루터, 한 인간의 운명》에서 루터를 평가할 때 '단순화'를 경계해야 한다며, 루터가 이룬 신앙적 업적에만 집중하지 않고 루터가 살았던 시대 등 신앙적 측면 이외의 것들에 주목했다. 페브르는 종교개혁이 일어난 16세기 유럽과 지금의 독일 지역의 복잡하고 다양한 역사적 사건들을 조명했다. 16세기 당시 독일 지역에는 국가가 존재하지 않았고 이렇다 할 통치자도 없었다. 영국과 프랑스는 왕을 중심으로 한 국가의 기틀이 있었지만, 독일 지역은 각 영지의 제후들이 이름뿐인 신성로마제국 황제보다 더 큰 권력을 쥐고 있었다.

따라서 페브르는 고대 부족국가처럼 분열되어 있던 당시 독일 사회에서 권력의 핵심이었던 제후들의 입장과 루터와의 관계에 주목했다. 당시 독일의 제후들은 국가의 기틀이 없다는 점을 불안해했다. 그래서 그러한 처지에서 자신들을 건져낼 '구원자'가 필요했는데, 때마침 로마 교회에 대항한 '프로테스탄트protestant'(항의자) 루터가 등장한 것이다.

당시 루터는 로마 교회로부터 '이단'으로 몰려 쫓겨나게 되었다. 그런데 제후들이 보기에 이는 신성로마제국에서 벗어날 유일한 기회였다. 국가도 아니고, 그렇다고 종교적 기틀도 없었던 독일 지역 제후들에게 루터는 시대적 소명을 가진 인물이었다. 이처럼 루터가 로마 교회를 등지고 선택한 개혁에 제후들이 합세한 데에는 성경과 신앙만으로 설명할 수 없는 동기가 있었다. 제후들에게 루터는 '종교적 루터'가 아니라 '정치적 루터'였다.

훗날 루터도 자신의 개혁에 힘을 실어줄 제후 편에 서게 되는데, 심지어 그는 농민들을 향해 제후에게 절대복종해야 한다고 가르치기까지 했다. '만인제사장'을 주창하며 모든 인간은 사회적 신분과 관계없이 평등하다고 말했던 루터였기에 그가 보인 모순은 여전히 현실의 어두운 그림자로 남아 있다.

실제로 독일의 국가교회는 루터와 제후가 손을 잡았기에 가능했다. 종교의 권력화는 모양만 달리하면서 역사적으로 이어왔다는 사실이 종교개혁을 통해서도 어느 정도 증명된 셈이다. 종교개혁의 정신을 이어받겠다는 유럽의 여러 나라가 독일 국가교회의 형태를 갖추게 된 것도, 개個교회 중심 교리를 지향했던 교회들이 갖가지 유형의 카르텔을 만들어낸 것도, 지금의 한국 교회가 권력 중심적 엘리트 카르텔을 형성하면서 성장하게 된 것도 결국 모두 종교개혁의 영향인지도 모른다.

만인제사장(萬人祭司長)

'모든 인간(신자)은 제사장'이라는 뜻으로 기독교인이라면 누구나 하나님의 자녀로서 신부나 교황 같은 '인간적 중보자' 없이 하나님과 직접 소통할 수 있다는 마르틴 루터가 주창한 개신교의 핵심 교리이다.

12세기 이후에 형성된 중세 로마가톨릭 교회의 직제는 사제들이 하는 일을 '성직', 그 외 다른 일은 '세속직'으로 구분하는 이분법적 계급 제도였다. 16세기 루터는 《독일 기독교 귀족들에게 고함》이라는 책에서 로마 교회의 직제를 비판했다. 루터는 모든 기독교인은 제사장의 자격이 있으므로 어떤 일을 하는지에 따라 신분이 구분될 수 없다고 주장했다. 이러한 루터의 주장으로 종교개혁 이후 교회의 직제가 변하기 시작했는데, 특히 평등이 강조되면서 성직이라 여겼던 목사와 같은 직분이 제사장적인 절대적 계급이 아닌, 예배 인도 및 성례전을 집도하는 역할로 인식되기 시작했다. 참고로, '직업에 귀천이 없다'는 평등 사상도 만인제사장에서 비롯되었다.

만인제사장은 《갈라디아서》 3장 28절("유대 사람이나 그리스 사람이나, 종이나 자유인이나, 남자나 여자나 차별이 없습니다. 그것은 여러분이 그리스도 예수 안에서 다 하나이기 때문입니다")에서 말하는 바와 같이 모든 기독교인은 동등한 권리를 가지고 있으며, 단지 직분에 따라 그 역할의 차이가 있을 뿐이라는 기독교의 핵심 사상이다.

엘리트 카르텔을 경멸한 인간 예수

예수는 누구보다도 엘리트 카르텔을 경멸했다. 예수는 당시 활동하던 율법학자들과 바리새인들을 향해 이렇게 말했다.

"이 뱀 같은 자들아, 독사의 족속들아! 너희가 지옥의 형벌을 어떻게 피하랴!" 《마태오의 복음서》 23장 33절(공동번역)

1세기 팔레스타인 지역에서 뱀은 어미까지 잡아먹는 동물로 아주 천박한 대상을 지칭할 때 사용하는 단어였다. 따라서 당대 종교권력자인 율법학자와 바리새인들에게 "뱀 같은 자들"이라고 했던 예수의 말은 거친 욕설이나 다름없었다. 왜 인간 예수는 이처럼 불을 뿜었던 걸까?

겉으로 보기에 율법학자나 바리새인들은 성경을 연구하는 일에 부지런했고 금식 기도, 십일조 등 종교적 의식도 철저히 지키는 모범적인 종교인들이었다. 그러나 예수는 이들이 오직 하나님을 사랑하고 성경을 아끼기 때문에 그러한 모범적 태도를 보인다고 보지 않았다. 그들에게 종교는 권력을 유지해주는 하나의 매개체였다. 그런데 예수가 이스라엘의 새로운 지도자로 떠오르며 자신들의 카르텔을 위협하자 그가 달갑지 않았던 것이다. 그들은 성경에서 말하고자 하는 바가 무엇인지를 설파하기보다는 자신들의 지위를 견고히 하기 위해 성경과 종교를 이용했다. 2000년 전 예수가 퍼부었던 저주는 엘리트 카르텔, 기득권 집단에 대한 경고였다.

성경에서 예수가 욕설을 퍼붓는 장면은 많지 않은데, 그 대상은 당대 종교 지도자들이었다. 법을 철저하게 지키는 것처럼 보이지만 정의와 자비, 신의 같은 성경의 중요 원리는 헌신짝처럼 여기는 그들에게 예수는 분노했다.

"너희 같은 위선자들은 화를 입을 것이다. 너희는 겉은 그럴싸해 보이지만 그 속에는 죽은 사람의 뼈와 썩은 것이 가득 차 있는 회칠한 무덤 같다. 이와 같이 너희도 겉으로는 옳은 사람처럼 보이지만 속은 위선과 불법으로 가득 차 있다."

《마태오의 복음서》 23장 29~30절(공동번역)

가난하고 병든 자, 사회적 약자의 편에 서 있던 예수, 보잘것없는 계층 사람들을 제자로 삼았던 예수. 그가 싸웠던 대상은 사람들을 혼란스럽게 하는, 흔히 영적 지도자라 불리던 집단, 당대의 엘리트 카르텔이었다.

이러한 예수의 분노가 거룩하게 느껴지는 이유는 그것이 '의분義憤'이기 때문이다. 예수는 분노했다. "하나님은 … 매일 분노하시는 하나님이시다"라고 한 《시편》의 구절처럼 예수는 분노했다. 특히 이권과 권력에 눈이 먼 탐욕스러운 종교 지도자들에게 예수는 분노했다.

엘리트 카르텔을 대하는 한국 교회의 자세

'비판하지 말라'고 가르치는 한국 교회에서 교회 구성원들은 '침묵의 카르텔'을 형성했다. 하지만 성경에서 예수가 '비판하지 말라'고 말한 상대는 율법학자와 같은 집단인 엘리트 카르텔이었다.

> "남을 판단하지 마라. 그러면 너희도 판단받지 않을 것이다. 남을 판단하는 대로 너희도 하느님의 심판을 받을 것이고 남을 저울질하는 대로 너희도 저울질을 당할 것이다. 어찌하여 너는 형제의 눈 속에 있는 티는 보면서 제 눈 속에 들어 있는 들보는 깨닫지 못하느냐? 제 눈 속에 있는 들보도 보지 못하면서 어떻게 형제에게 '네 눈의 티를 빼내어 주겠다' 하겠느냐? 이 위선자야! 먼저 네 눈에서 들보를 빼내어라. 그래야 눈이 잘 보여 형제의 눈에서 티를 빼낼 수 있지 않겠느냐?" 《마태오 복음서》 7장 1~5절(공동번역)

여기서 예수가 '이 위선자야!'라고 지칭했던 이들은 다름 아닌 당대 종교 지도자들이었고 지금은 성직자로 칭함 받는 이들이다. 헌금하지 않는다고, 금식하지 않는다고, 기도하지 않는다고 남에게만 철저한 기준과 잣대를 들이밀었던 종교 지도자들에게 예수는 '자신의 잘못은 보지 못하고 남의 잘못만 보려 한다'고 비판한다. 그리고 그들에게 '너희는 누구를 비판할 자격이 없다'고 경고한다. 예수가 말한 '남을 판단하지 마라'는 유대 종교지도자들에게 했던 경고이지 모두를 위한 메시지가 아니었다. 그동안 한국교회가 비판 자체를 하지 못하도록 사람들의 입막음을 목적으로 이 구절을 사용해 왔지만 그것은 잘못된 인용이다.

건전한 비판은 꼭 필요하다. 종교 지도자들은 자신들의 카르텔을 지키기 위해, 자신들을 향한 비판의 화살을 비판자에게로 되돌렸다. 하지만 예수가 그랬듯이 '분'을 참지 않는 것은 '의義'를 이루는 방편이다. 따라서 분노를 회피하고, 자신의 안위를 위해 침묵을 지키는 것, 자신의 영혼에만 집중하는 것은 예수와 함께하기를 거부하는 것과 다를 바 없다. 오히려 예수는 기득권을 가진 지도자들에게 직접 비판하여 '비판'을 몸으로 실천해 보였다.

실패한 한국 교회의 희망

해방 이후 친일파 같은 기득권 집단은 우리나라의 사회 구조를 형성하고 스스로 지배 계급이 되었다. 조선 시대 600년간 양반 사회를 경험했던 우리 민족은 결국 이렇다 할 저항조차 하지 못한 채 엘리트 카르텔이 지배하는 익숙한 수직적 계급 사회에 편입되었다.

한국 교회도 예외는 아니었다. 정치와 결탁하며 시작된 교회의 권력화와 대형 교회를 필두로 한 기독교인들의 엘리트 카르텔이 지금의 한국 교회를 만들었다. 정의와 자비, 자비와 용서 같은 핵심요소는 무시한 채 온갖 종류의 비리를 양산하는 한국 교회. 지금의 한국 교회는 희망의 메시지를 전달하는 가교 역할에 실패했다. 한국 교회를 움직이는 엘리트 카르텔이 예수가 저주했던 당대 종교 지도자들과 다를 바 없다는 사실에 절망하지 않을 수 없다.

하지만 일말의 희망이 있다면, 역사는 반복된다는 것이다. 희망이 없어 보이던 우리나라도 대중의 전면적인 정치 참여로 촛불 혁명을 이룩했고 희망의 디딤돌을 쌓아가고 있다. 사회가 타락할 때 교회도 타락했던 것처럼 사회가 변혁을 이루

면 교회 역시 개혁을 꿈꿀 수 있지 않을까? 어쩌면 종교 지도
자들보다 교회의 구성원들에게 주어진 책임이 더 무거울지도
모른다.

12

한기총,
그들은 누구인가

99번째 삼일절을 맞은 2018년 3월 1일, 서울 광화문을 비롯하여 도심 곳곳에서 '태극기 집회'가 열렸다. 이름하여 '구국과 자유 통일을 위한 삼일절 한국 교회 회개의 금식기도 대성회 및 범국민대회'. 한국기독교총연합회(한기총)의 주최로 진행된 이번 행사는 한미 동맹 강화와 북핵 무력화 등을 관철하기 위한 집회였다고 한다.

태극기와 성조기를 흔들고 찬송가도 부르며 진행된 이날 집회는 지난해 탄핵 정국에서도 열린 바 있다. 국정농단 사태에 직면해 줄곧 "거짓이 한국 사회를 뒤덮고 있다"라고 주장하는 이들은 박근혜 전 대통령의 탄핵을 반대해왔고, 현재는 집권 여당을 공산주의자, 빨갱이 집단으로 매도하고 있다.

알다시피 박근혜 전 대통령은 수많은 범죄 사실이 소명되어 판결을 앞두고 있다. 전 정부의 청와대와 각 부처 고위 관료들도 대부분 혐의가 인정되어 구속되거나 이미 감옥에서 형량을 채우고 있다. 헌정사상 이처럼 부패한 국정농단 사태는 없었다고 평가되고 있음에도 한국 교회의 대표를 자임하는 한기총은 범죄 사실이 충분히 소명된 이들을 두둔하는 집회를 연이어 진행하고 있다.

한기총은 어떤 단체인가

1989년 설립해 공식 활동을 시작한 한기총은 한국 개신교의 여러 종파 중 일부 종파가 모인 연합 단체로 얼마 전까지만 하더라도 한국 교회를 대표해 활동해왔다. 물론 과연 한기총이 한국 교회를 대표하는지는 논란의 여지가 있다. 한기총 스스로 부여한 대표성이 어디서부터 왔는지 아무도 모르기 때문이다. 그렇다면 이 단체의 뿌리는 무엇일까? 이들은 왜 기도회라는 이름으로 부패한 정권을 비호하고 나섰을까?

1989년 설립했지만 한기총의 시작은 1968년으로 거슬러 올라간다. 당시 박정희 전 대통령은 대통령직을 세 번 수행할 수 있도록 이른바 '3선 개헌'을 추진하고 있었다. 1962년까지만 하더라도 제3공화국 헌법에 의거해 우리나라는 4년 중임의 대통령제를 유지하고 있었는데, 박 전 대통령은 1969년 영구 집권의 발판을 마련코자 헌법을 개정하려 했다. 이 3선 개헌안은 1972년 '유신체제'와 더불어 박 전 대통령의 장기 집권의 디딤돌이 되었는데, 지금의 한기총은 이 3선 개헌을 찬성하면서 시작되었다.

해방 이후 한국 개신교는 급속도로 성장했다. 정식 등록 교인 수가 수백에서 수천 퍼센트까지 기하급수적으로 증가했으니 정치꾼들에게 한국 교회야말로 투자 가치가 충분한 곳이 아니었겠는가? 투표로 당락이 좌우되는 민주주의 사회에서 정치 세력은 다수의 표심을 가진 한국 교회의 힘이 필요했다. 당시 박 전 대통령도 3선 개헌안의 통과를 위해 다수의 동의가 필요했다.

신사참배의 과오에 대해 뚜렷한 해결점을 찾지 못했던 교회의 권력층은 이러한 정권의 필요에 호응해 '국정 운영의 안녕과 반공산주의를 위해 3선 개헌에 힘을 실어야 한다'는 목소리를 높였는데, 이에 동조한 종파들이 훗날 한기총을 세웠다.

한국형 정교유착의 시작이었던 셈이다.

한기총의 작동 원리: 잘못된 해석

한국 교회의 고질적 문제는 성경 해석의 오류다. 교회를 다니지 않거나 무늬만 교인인 사람들도 성경 구절이 '코에 걸면 코걸이, 귀에 걸면 귀걸이'라며 비판한다. 성경의 내용이나 정신보다는 '경전'으로서의 성경 자체를 신성시하여 일점일획의 오류도 없다고 주장하기 위해 오류가 있는 부분들까지 합리화하는 교회에 대한 불신 때문이다.

그렇다면 한기총과 같은 기독교 단체들은 성경을 어떻게 잘못 이해했을까? 흔히 보수 단체라 불리는 한국 개신교 단체들이 국가에 대한 충성이나 복종을 강요할 때 주로 들먹이는 구절이 《로마서》 13장이다.

"사람은 누구나 위에 있는 권세에 복종해야 합니다. 모든 권세는 하나님께로부터 온 것이며, 이미 있는 권세들도 하나님께서 세워주신 것입니다. 그러므로 권세를 거역하는 사람은 하나님의 명을 거역하는 것이요, 거역하는 사람은 심판을 받게 될 것입니다."

《로마서》 13장 1~2절(표준새번역)

이 구절은 고대 로마 황제를 위해, 중세 왕권신수설을 위해, 현대에 들어서는 독일의 히틀러가 자신의 권력을 정당화하기 위해 이용한 구절이다. 전두환이 쿠데타로 집권한 뒤 정권의 정당성을 부여받고자 한경직, 조향록 목사 등 한국 교회의 대표자들을 종용해 이용했던 성경 구절도 바로 이 구절이다.

그런데 과연 이 구절이 국가 권력에 대한 무조건적 순종을 강요하는 내용일까?《로마서》가 쓰일 당시의 상황을 살펴보면 이 구절을 단순히 문자 그대로 해석할 수 없음이 명확해진다.

《로마서》는 기원후 50년경에 바울이 쓴 편지다. 당시 바울이 활동하던 오늘날 이스라엘-팔레스타인 지역은 로마의 지배를 받고 있었고, 이 지역 거주민들에게 로마 황제는 숭배의 대상이었다. 이러한 시대적 상황에서 바울은 "모든 권세는 하나님께로부터 온 것"이라고 말했다. 당시 로마 황제의 권세가 황제 자신의 권위에서 오는 것이 아니라 하나님으로부터 왔다고 주장한 것이다. 이는 모든 권력의 주체가 로마 황제라는 메시지에 정면으로 도전하는 것이나 다름없었다.

송병주 목사(미국 로스엔젤레스 선한청지기교회)는 바울이 이 구절을 통해 말하고자 하는 바는 "절대적 권력을 가진 황제 숭배 사상을 향해 '신이라 불리는 황제여 그대들은 하나님이 세우셨다'라고 함으로써 황제를 종으로 만들어버리는 '반역'을 시도한 것과 같다"라고 설명했다. 즉, 권세를 향한 무조건적 복종을 가르치는 게 아니라 권세를 가진 이들에게 그들 권력의 본질이 무엇인지 말하고 있는 것이다. 로마 황제가 가진 권력은 절대적인 것이 아니라 상황과 여건에 따라 달라지는 상대적인 것임을 역설적으로 표현한 구절이 바로 《로마서》 13장이다.

그렇다. 절대 권력을 탐하는 수많은 이들의 욕망을 뒷받침해온 위 성경 구절은 권력자들에게 '정당성'을 부여하기 위해서가 아니라 권력의 본질과 원천을 설명하는 데 그 목적이 있다. 독일의 신학자 디트리히 본회퍼Dietrich Bonhoeffer가 "스스로 권세 있는 자로 여기는 지도자의 태도는 신을 조롱하는 것과 같다"라며 당시 절대 권력을 쥐려 했던 히틀러와 그를 우상화하던 독일의 국가교회에 저항했던 이유도 여기에 있다. 목적을 위해 현재까지도 성경을 수단으로 삼는 행위를 비판하는 동시에 불합리한 권력에 대한 저항을 언급한 신학자가 많았

토마스 아퀴나스(Thomas Aquinas, 1225~1274)는 기독교 교리와 아리스토텔레스의 철학을 종합하여 스콜라 철학을 집대성한 중세 기독교 최고의 신학자이다.

던 것은 결코 우연이 아니다.

　중세의 토마스 아퀴나스도 왕정 시대에 살았음에도 폭정이 오래 계속된다면 폭군을 살해하는 것이 정당하다고 했고, 16세기 종교개혁가 칼뱅 또한 《기독교 강요》에서 "통치자가 폭군 노릇을 하면 국가의 고위 당직자들이 그 폭군을 제거할 수 있다"라고 했다. 20세기 영국의 신학자 존 스토트John Stott도 "국가가 하나님이 명하시는 것을 금한다면 그리스도인들의 의무

장 칼뱅은 마르틴 루터와 함께 종교개혁을 이끈 대표적인 인물이며 기독교 사상 중 개혁주의改革主義의 개창자로 잘 알려져 있다. 칼뱅의 개혁신학은 개혁교회와 장로교회의 학문적 토대가 되었으며 영국의 청교도에게도 영향을 끼쳤다. 그는 오직 성경을 주장하여 신앙의 진정한 권위는 하나님의 말씀인 성경에 있지 교회에 있지 않음을 선언하며 로마가톨릭의 교회주의를 비판했다.

는 저항하는 것이다"라고 말하며,《로마서》13장은 권세를 가진 이들이 불합리하게 권력을 사용할 때 국민이 저항할 근거를 마련해주었다고 설명했다.

그동안 국가의 지배계층, 기득권층으로 자리매김했던 이들이 성경을 근거로 자신의 권력을 견고히 하려 했던 시도들은 사실 성경의 본뜻을 외면하고 자신의 권력을 유지하기 위해 의도적으로 오용한 것에 불과했다.

한기총의 또 다른 작동 원리: 매카시즘

제2차 세계 대전 이후 미국과 소련의 대립으로 전 세계가 초긴장 상태에 있었던 냉전 시대에 한반도는 이념 갈등의 최대 피해국이었다. 군사 전쟁은 중단되었지만, 이데올로기 전쟁 속에서 한반도는 남과 북으로 나뉘는 아픔을 겪어야 했다. 일제강점기에서 벗어난 지 얼마 되지 않아 제대로 된 자유조차 누리지도 못했던 그때, 생각의 '다름'을 해결하지 못하고 끝내 가장 잔인한 전쟁 중 하나였던 한국 전쟁까지 치러야만 했다.

이러한 역사적 상황 속에서, 국가를 배신한 친일 세력을 청산해야 한다는 과업을 채 이루기도 전에 한반도에 불어닥친 이념 갈등은 누군가에게는 호재가 되었다. 나라가 위기에 닥쳤을 때 재빨리 기득권에 목을 조아렸던 친일 세력은 자신들을 향한 화살을 돌리기 위해 공산주의에 대한 막연한 적대감에 사로잡힌 군중을 선동하기 시작했다. '빨갱이', '공산당이 싫어요'와 같은 말들이 우리 사회에 어떤 영향을 끼쳤는지 돌이켜보면, 친일파의 적반하장 식 군중 몰이가 어떤 성과를 거두었는지 잘 알 수 있다.

이러한 이념 갈등이 부패한 정치인이 자신의 과오를 감추기 위해 고안해낸 '꼼수'에서 시작되었다는 사실은 큰 충격이다. 1946년 미국 위스콘신 주 연방 상원의원으로 당선된 조지프 매카시Joseph McCarthy가 금품 수수와 각종 부정부패로 정치적 사면초가에 몰린 상황에서 위기를 모면하기 위해 꺼내든 카드가 '공산주의 혐오 사상'이었다. 자신의 정치적 계산대로 매카시는 소련의 첩자들이 미국에서 활동하고 있다는 허위 사실을 유포하여 미국 사회에 막연한 공포감을 심어줌으로써 자신의 허물을 감출 수 있었다. 그렇게 자신이 처한 정치적 위기를 극복한 매카시는 1950년부터 1954년까지 미국 전역을 휩쓴 공산주의자 색출 운동을 주도하며 무고한 이들을 수없이 희생시켰다.

이 무분별하고 근거 없는 모략의 대명사인 '매카시즘'은 미국뿐 아니라 한국에서도 정권의 부정과 부패를 덮는 수단으로 이용되었다. 이승만 정권을 시작으로 박정희, 전두환 등 부정한 독재를 꿈꾸는 이들에게 반대 세력은 공산당, 빨갱이로 몰렸다. 그 때문에 얼마나 많은 이가 죄 없이 죗값을 치러야 했던가.

과거의 '공산당 몰이'가 대부분 조작으로 밝혀져 무죄 처리가 된 일을 보면, 또 매카시즘이 자신의 부정부패 사실을 가리려는 한 야비한 미국 정치인의 위기 모면용 꼼수였음을 생각해보면, '반공'이라는 이름으로 자행된 무분별한 법적 처벌이나 '종북좌파'라는 딱지 붙이기가 얼마나 허무맹랑한 처사인지 알 수 있다.

한기총을 비롯하여 태극기와 성조기를 들고 거리로 나온 극우 단체들의 모습은 과거 매카시즘에 사로잡힌, 그래서 무분별하게 상대를 적으로, 빨갱이로 몰아붙이던 이들과 다를 바 없어 보인다. 그들에게 반공은 교회의 친일 행적을 덮기 위한 수단이었고, 정치적 비호 아래 권력을 유지해주는 방패였다.

13

부당한 권력에 대한
저항의 흔적

2014년 통계청의 전국 사업체 조사 결과를 보면, 한국의 기독교 단체(교회 및 선교단체, 기도원 등 기독교 유관기관)의 수가 편의점보다도 많다. 등록된 단체만 총 5만 5767개로, 이는 같은 기간 조사한 카페나 숙박업소보다 많은 수치다.

그런데 이렇게 다양한 형태의 개신교 단체가 존재하는 것은 개신교의 본질을 이해한다면 사실 크게 문제 삼을 일이 아니다. 개신교의 성격을 규정하는 것이 '다양성'이기 때문이다. 역사적으로 봐도 개신교는 탄생-성숙-노화-사멸이라는 단계를 거쳐 갱신에 이르기까지의 과정을 끊임없이 되풀이해왔다. 또 수많은 지리적, 문화적 차이들을 극복하며 발전해왔기 때문에 다양성은 개신교의 특성이라고 볼 수 있다.

개신교의 출발점인 종교개혁도 로마가톨릭 교회의 중앙집권화된 '통일성'을 지양하면서 등장했다. 성경 해석에 있어서 특정 권위에 의존하지 않고 개인의 권리와 책임을 강조한 종교개혁에 '다양성'이라는 특성이 있다는 것은 억지 주장이 아니다. 한편 권위의 부재로 통제가 어려워지고 통일성과 일관성이 사라지면서 발생한 불안감은 수많은 개신교 단체를 탄생시켰다. 이는 당연한 결과이기 때문에 단체가 많다는 사실은 중요하지 않다. 정말 중요한 것은 개신교의 많고 많은 교파, 종파, 단체 중 과연 성경의 원리를 잘 적용하고 있는 개신교 단체가 있는가이다.

한기총과 같은 단체 말고 참된 기독교 정신과 한국 교회를 대표할 만한 단체는 없을까? 물론 있다. 일제강점기에는 친일에 가담하고, 해방 이후에는 반공 사상으로 기득권을 유지하려 했던 단체만 한국 교회에 있었던 것은 아니다.

'한교협'이라 불리는 한국기독교교회협의회NCCK, National Council of Churches in Korea는 한기총과 대립하는 개신교 단체이다. 독립운동을 계승하는, 이승만 정권의 독재에 맞섰던, 박정희 전 대통령의 3선 개헌 추진에 반대했던, 전두환의 체육관 대통령 선거에 저항하고 민주화 운동에 목숨을 걸었던 한교협. 그들은 누구이며 왜 부당한 정권에 맞서 저항했는지 살펴보자.

한교협, 그들은 누구인가

일제강점기에 우리 국민은 제한된 자유를 누릴 수밖에 없었다. 하지만 미국을 비롯하여 영국, 캐나다, 호주 등 선진국 선교사들과 깊은 연관이 있던 한국 교회는 비교적 자율적으로 운영이 가능했다. 그랬기에 1924년 9월 24일 일제 치하에서도 조선예수교연합공의회Korea National Christian Council가 창설될 수 있었는데, 이 단체가 한교협의 모체이다.

당시 조선예수교연합공의회에는 총 11개 단체가 속해 있었다. 조선예수교장로회 비롯하여 감리회, 미국 남·북장로회, 호주장로회 등이 있었고, 기관으로는 영국의 성서공회와 YMCA(기독교청년회)가 있었다. 1931년에는 YWCA(기독교여자청년회)와 함께 일본의 캐나다장로회 등 다섯 개 단체가 추가로 가입하여 명실 공히 조선 최대의 기독교 단체로 우뚝 설 수 있었다.

일제강점기와 해방, 한국 전쟁과 반공 등 20세기 한반도의 갈등과 함께했던 한교협은 1969년 박정희 정권의 3선 개헌에 대한 반대 성명을 발표했고, 1974년에는 인권위원회를 발족하는 등 인권 운동에도 앞장섰다. 또 전두환 독재 정권의 타도를 외치며 대통령 직선제를 위한 민주화 운동에 참여했고, 1989년에는 통일선언문을 낭독하는 등 남과 북의 평화 통일을 위해서도 힘써왔다. 지난 2016년에는 박근혜 전 대통령의 퇴진을 위한 시국선언을 하기도 했다.

한교협은 정부의 부조리한 국가 운영에 반기를 드는 것뿐만 아니라 각종 사회 운동을 통해 '나눔'과 '섬김'이라는 성경의 정신을 드러내고자 했다. 특히 다른 종교에 대해서도 적대적 입장을 표하지 않고 대화를 통해 갈등을 해소하고자 시도해왔다.

두 명의 칼Karl

언뜻 봐도 한교협은 한기총과는 전혀 다른 길을 걷고 있다. 물론 독재 정권에 저항한다는 이유로 탄압을 받아왔던 한교협은 부당한 정권임에도 권세에 순종해야 한다는 명분을 앞세워 순응하며 규모를 키워온 단체들보다는 덩치도 작고 영향력도 작다. 그럼에도 끊임없이 사회 정의를 외치며 소외된 계층을 위해 노력하고 있는 한교협이 그동안 한국의 다른 기독교 단체들과 다른 행보를 보일 수 있었던 원동력은 무엇일까?

"종교는 아편이다"라고 말했다고 한국 교회로부터 핍박받아온 칼 마르크스Karl Marx는 영국의 《더 타임스》가 20세기를 대표하는 사상가로 선정한 인물이다. 반공 사상으로 인한 편향된 시각 탓에 우리나라는 교회뿐 아니라 사회에서도 공산주의자를 '빨갱이'라고 폄하하지만, 사실 마르크스는 무분별한 팽창으로 전 세계를 식민화한 자본주의에 강하게 반발한 상징적 인물이다.

당시 서구의 기독교 국가들은 "모든 족속으로 제자를 삼으라" 했던 성경 구절을 토대로 '전도'라는 미명하에 전 세계를 돌아다니며 식민지를 개척했다. 겉으로는 성경을 보여주며 뒤에서는 총과 칼로 위협했던 이들의 개척 사업은 성공적이었다. 식민지에서 들여온 자원들은 제품을 생산하는 공장에 공급되었고, 쉴새 없이 돌아가는 공장에서 생산된 제품은 다시 비싼 값으로 식민지로 팔려나갔다.

이 같은 불공정 거래로 시작된 산업혁명은 어마어마한 노동력을 요구했다. 자본가는 노동자를 착취했고, 여성과 어린아이 같은 사회적 약자는 더욱 극악한 노동 현장으로 내몰렸다. 이러한 상황에서 등장한 것이 바로 마르크스의 공산주의다. 마르크스의 이론은 시장경제에 길들어져 가는 지구촌에 '폭탄'과도 같았다.

마르크스가 유럽 사회에 폭탄을 던졌다면, 유럽의 교회에 폭탄을 던진 이는 20세기의 위대한 신학자로 평가받는 칼 바르트Karl Barth이다. 바르트는 마르크스의 이론에 공감했던 몇 안 되는 신학자였다. 물론 바르트가 마르크스의 이론에 끝까지 동의했다고 볼 수는 없지만, 1915년 2월 14일 그가 스위스 강연에서 한 말은 마르크스에 대한 바르트의 입장을 잘 설명해준다.

"참된 그리스도인은 사회주의자가 되어야 한다. 참된 사회주의자는 그리스도인임이 틀림없다."

이외에도 바르트가 '하나님의 혁명'을 철저하게 사회 참여를 함의하는 개념으로 설명한 것과 사회 변혁에 능동적 참여를 독

칼 바르트는 20세기 대표적인 신학자로 예수를 도덕적 인간 정도로, 성경을 윤리적인 지침서로만 파악하고 이해하던 자유주의 신학에 반대했다. 그는 《로마서 주석》에서 '하나님의 말씀이 인간으로 되신 예수 그리스도'라는 점을 강조했다. 인간의 이성을 통한 성경의 이해보다 하나님의 계시에 따른 성경의 이해를 추구한 신정통주의 사조를 이끌었으며 폴 틸리히, 에밀 브루너, 루돌프 불트만과 함께 20세기 초 개신교 신학계를 주도했다.

려한 것 또한 마르크스에 대한 바르트의 견해를 말해준다.

물론 마르크스의 종교에 대한 무신론적, 회의적 태도와 인간에 대한 낙관론이 바르트의 신학과 상충하기는 했지만, 바르트가 '교회가 과연 일관된 행동을 위한 실천적 토대를 마련해주었는가'를 고민하게 한 것은 다름 아닌 마르크스의 이론이었다.

그렇다고 바르트가 마르크스의 이론을 여과 없이 받아들인 것은 아니었다. 바르트는 기독교 신학자로서 단순히 사회 참여가 교회의 지향점은 아니라고 주장했다. 그는 사실상 사회 변혁의 결정적 주체는 '하나님'이고, 인간의 윤리적 결단도 예수를 믿는 믿음 안에서 하나님의 명령을 인식하고 긍정하는 신앙적 결단이라고 말했다. 따라서 인간이 좌절 속에서도 사회 개혁의 희망을 견지할 수 있고, 희망 안에서 사회 변혁을 위해 노력할 수 있다고 했다.

이러한 바르트의 주장은 기독교 공동체의 존재 목적 자체가 '정치적'이라는 입장을 낳았다. 그는 기독교에서 말하는 '기도'를 단순히 '절대적 존재를 향해 비는 행위나 의식'이라고 여기지 않았다. 바르트에게 기도는 곧 '행동'이었다. 따라서 '하나님을 사랑하라'는 수직적 관계에 대한 의무와 더불어 '이웃을 사랑하라'는 수평적 관계에 대한 책임이 기독교인에게 있다고 했다. 즉, 기도하는 사람은 이웃을 위해 행동하는 자이고. 그 행동은 나눔과 섬김의 삶을 사는 것이며, 교회에서 드리는 예배도 사회 속에서의 하나의 행동인 것이다. 이처럼 바르트는 사회 참여를 영성의 입장에서 사고했다.

한교협과 칼 바르트

한교협 소속 교단인 한국기독교장로회는 박근혜 전 대통령의 탄핵 심판을 앞둔 지난 2017년 3월 3일 성명을 발표하고 "3·1 운동의 태극기를 더 이상 모독하지 마라"라며 탄핵 반대 시위에 나선 한기총을 비롯한 여러 단체를 비판했다.

"군부 독재 시절부터 정교유착을 일삼아온 이들이 3·1 운동 98주년 집회에 교인들을 동원하여 태극기와 성조기를 흔들며 국정농단 세력을 위한 기도회를 개최했다. 1919년 3·1 운동을 주도하며 민족의 해방을 위해 기도했던 한국 교회가 어쩌다 후안무치한 세력에 속하여 파시즘의 최후 보루처럼 일하고 있단 말인가! 하나님의 의를 이 땅 위에 이루어야 할 교회가 시대와 역사에 희망이 되지 못하고 있는 현실을 개탄하지 않을 수 없다."

한국기독교장로회총회 교회와사회위원회

한교협이 이 같은 목소리를 낼 수 있는 것은 한국기독교장로회를 포함한 한교협 소속 교단의 신학 사조 때문이다. 특히 1950년대 바르트의 신학을 들여온 이후부터 사회 참여에 대한 태도가 더욱 견고해졌는데, 한교협에 속한 단체들은 대부분 바르트의 신학을 수용하고 연구했다. 민주화에 앞장선 한국기독교장로회가 소속된 한교협이 사회적 책임을 강조한 것은 우연이 아니었다.

참고로, 과거 가톨릭도 보수적이었고 사회 참여도 멀리했다. 하지만 제2차 바티칸공의회(1962~1965) 이후 칼 라너Karl Rahner의 신학 노선이 자리 잡으면서 가톨릭은 획기적으로 변했다. 가톨릭이 사회적 책임을 강조하고, 정의구현사제단을 출범한 것도 이러한 신학 사조의 변환에서 비롯되었다.

라너 신부는 제2차 바티칸공의회에서 기독교 내의 여러 교파 및 타 종교와의 대화와 협력을 통해 현대 사회의 복잡한 문제를 해결해야 한다는 입장을 취했다. 바티칸공의회는 기톨릭교회의 최대 의사 결정 회의로서 몇백 년에 한 번 열릴까 말까 한 회의이다. 여기서 결정된 사안이 가톨릭의 신학을 결정짓는

칼 라너는 로마가톨릭 수도회인 예수회 사제이자 20세기 가장 영향력 있는 신학자이다. 그는 제2차 바티칸공의회의 신학 자문 위원으로 활동하며 명성을 얻었다. 당시 그는 교회의 안위를 위해 독일 나치와 히틀러의 유대인 학살에 침묵한 잘못을 반성해야 한다는 목소리를 냈다. 이후 로마가톨릭은 교회의 사회역사적 책임을 다해야 한다는 신학사조가 형성되기 시작했다. 1970년대 이후 우리나라의 정의구현 사제단의 출범하게 된 것도 그의 영향에 따른 결과물이라고 할 수 있다.

것이니 바티칸공의회는 가톨릭에서 상당히 큰 의미가 있다.

제2차 바티칸공의회에서 신학적 결과물을 도출하는 핵심 역할을 담당한 라너는 제1차 바티칸공의회(1869)의 '근대적 사상과의 대립'과는 달리 '세상과의 조화'를 지향하도록 나침반을 제시했다. "나는 기도하기 때문에 믿는다Ich glaube, weil ich bete"라는 말을 남긴 라너도 기도의 역동성을 강조했다.

행동하라!

기독교에서 말하는 신앙은 세상이야 어찌 되든 상관없이 예배라는 이름으로 하나님만 죽어라 찾아대는 게 아니다. 변하지 않는 하나님의 '말씀'과 계속해서 변화하는 우리의 '환경' 사이에서 나타나는 긴장과 갈등을 조율해 나가는 것이야말로 성경이 말하는 진정한 신앙이다. 시대적 상황을 고려하지 않고 사회적 진공 상태에서 발견한 하나님의 뜻은 공허한 종교적 미사여구일 뿐이다. 이는 한국 교회의 예배가 겉으로만 아름다운, 듣기 좋은 말로 무성한 예배로 평가되는 이유다.

교회 안에 머물러 있는 것은 신앙이 아니다. 바르트는 기독교인에게 기도해야 한다고 가르친다. 여기서 기도는 앉아서 명상에 잠기는 것이 아니라 밖에 나가 행동하는 것이다. 성경에서 말하는 구원은 일차원적 실재가 아닌 다차원적 실재이기 때문이다.

또한 성경에서 말하는 리더십은 '섬김'과 '나눔'이다. 권력으로 다스리는 것은 어떤 인간이든 할 수 있다. 독립군을 때려잡은 사람도, 총으로 죄 없는 사람을 죽이는 사람도 힘과 권력만 있으면 세상을 지배할 수 있다. 하지만 그것은 성경이 지양하는 리더십이다. 한국 교회의 카리스마적 리더십이 실패하는 이유가 여기에 있다.

14

평신도는 없다

캐나다 윈저 대학의 서상철 교수는 우리나라가 여전히 신분 사회라고 말한 바 있다. 주어진 계급에 따라 신분이 뚜렷이 구분되던 봉건 사회와 형태는 다르지만 본질적으로 계층이 구분된다는 점에서 공통점이 있다는 것이 서 교수의 의견이다 ('한국은 이미 신분 사회… 당신과 아이의 서열은?', 《프레시안》 2011. 6. 27).

군이 전문가의 의견에 기대지 않아도 한국 사회가 계급 사회인 것은 자명하다. 자본주의의 최대 맹점이 사유재산과 소득 불균형으로 인한 부의 불평등인데, 이러한 불평등이 낳은 계급이 민주주의 사회에도 여전히 존재하기 때문이다.

'민중은 개, 돼지'라는, 교육부 고위간부의 입에서 나왔다고 믿기지 않는 이 발언은 지배층과 피지배층으로 나뉘고, 그 속에서도 소득 수준에 따라 세분된 보이지 않는 계급에 대한 우리 사회의 모순을 투명하게 보여줬다.

에리히 프롬Erich S. Fromm이 《소유냐 존재냐》에서 밝혔듯이 현대의 인간은 더 이상 '존재'만으로는 가치를 인정받지 못하게 되었다. '얼마나 소유했느냐'가 인간을 판단하는 기준이 되어버렸다. 물론 신분 상승 기회가 전혀 없이 혈통에 따라 신분이 결정되던 과거와 다르게 오늘날은 소득과 부에 따라 계급의 수직 상승도 가능하다. 하지만 계급 상승의 기회가 부여된 뒤로 인간은 사회가 만들어낸 보이지 않는 계급의 상승을 위해 너도나도 '돈'이라는 정체를 알 수 없는 욕망의 뿌리에 목을 매고 살게 되었다.

초기 한국 교회의 계급 갈등

불과 100여 년 전만 해도 우리나라는 철저한 계급 사회였다. 왕이 있었고, 궁을 출입할 수 있는 신하들도 계급이 뚜렷했다. 물론 인구의 대다수는 '평민'이라 불리는 피지배 계층이었고,

그중에는 성조차 가질 수 없는 천민이나 노비도 많았다. 이러한 시대 배경에서 시작된 초기 한국 교회에서 신분에 따른 계층 간 갈등은 자명한 일이었다.

1894년 새뮤얼 무어Samuel F. Moore 선교사가 세운 곤당골교회를 모체로, 현재 종로구 인사동에 있는 승동교회는 일제강점기 민족 운동과 사회 운동의 주축이 된 교회였다. 하지만 진취적이고 활동적인 교회였음에도 초기 한국 기독교사에서 어떤 신분 갈등이 있었는지를 잘 보여주는 사례이기도 하다.

곤당골교회 내에 '예수 학당'이라는 소규모 학교를 열어 교육에 힘쓴 무어 선교사는 한 학생의 부친(추후 기독교인이 되고 세례를 받은 뒤 '박성춘'이라는 이름을 갖게 된 백정)이 장티푸스에 걸려 죽게 되었다는 소식을 전해 들었다. 당시에 장티푸스는

새뮤얼 무어

새뮤얼 무어(한국 이름 모삼율毛三栗) 선교사는 1860년 미국에서 태어나 언더우드 선교사의 가르침에 따라 북장로회 소속 선교사로 파송되어 1892년 1월 32세의 나이로 처음 조선 땅을 밟았다. '백정 전도의 개척자', '백정 해방운동의 조력자'라는 별칭처럼 19세기 말에서 20세기 초 조선 땅에 팽배해 있던 신분에 따른 계급주의를 타파하고, 모든 인간은 하나님 앞에 평등하다는 가르침을 전파했다. 현 승동교회의 모체가 된 곤당골교회를 개척하여 백정이었던 박성춘이 장로가 될 수 있도록 차별 없이 가르쳤다.

치료가 매우 어려운 죽을병에 가까웠다. 위생 관리만 철저히 하면 걸리지 않을 수 있는 병이지만, 백정 신분이었던 박성춘은 관리는커녕 치료조차 받을 수 없는 형편이었다.

무어 선교사는 자신과 함께 활동하던 제중원濟衆院(조선 시대 최초의 근대식 병원)의 올리버 에이비슨Oliver R. Avison(세브란스·연희전문학교 교장 역임)에게 박성춘의 치료를 부탁했다. 당시 에이비슨은 왕실 주치의로도 활동했는데, 고종의 주치의가 최하 계급인 백정을 치료했던 것이 큰 화제가 되기도 했다. 조선의 계급 구조에 큰 영향을 받지 않았던 캐나다 선교사 에이비슨은 박성춘을 치료하는 데 거부감이 없었다. 에이비슨 선교사의 치료로 죽을 고비를 넘긴 박성춘은 무어 선교사의 도움을 알게 된 뒤로 곤당골교회에 나갔는데, 이때 '회심'을 하고 기독교 신앙을 갖게 되었다.

그런데 문제가 발생했다. 당시 곤당골교회에 출석하는 이들은 대부분 양반이었는데, 이들은 백정 출신의 박성춘이 교회에 나오는 것을 반대했다. 양반과 백정이 한 공간에 있을 수 없다는 이유에서였다. 하지만 무어 선교사는 하나님 앞에서는 누구나 똑같고, 교회에서 신분에 따라 차별하는 행위는 옳지 않다고 양반들을 만류했다. 하지만 수백 년 동안 계급 문화에 젖어 있던 이들에게 '평등'은 실현되기 힘든 가치였다. 극심한 갈등을 거듭한 끝에 곤당골교회의 주축이었던 양반들은 자기들끼리만 모일 수 있는 교회를 설립하기에 이르렀다.

　이후에도 수많은 계급 간 갈등을 겪은 승동교회는 분열과 결합을 거듭했고, 1911년 박성춘이 승동교회의 장로가 될 무렵 이에 반대한 양반 계급은 안동교회를 개척했다. 물론 백정 출신인 박성춘이 장로가 되었을 때 왕족이었던 이여한 장로가 교회에 있었기 때문에 왕족과 백정이 한 공동체를 이루는 '보편적인 교회'를 실현했다는 평가가 있긴 하지만, 끝끝내 계급 격차를 극복하지 못해 교회가 나뉜 것도 분명한 사실이다.

평등을 지향하는 기독교

당시 무어 선교사는 계급뿐 아니라 조선 시대의 남녀 차별 문화도 교정하고자 애썼다. 또 계급 철폐를 위해 정부에 탄원서를 제출하고, 계급과 상관없이 법적으로 동등한 대우를 받을 수 있도록 노력하는 등 미국의 노예 해방과 같은 운동을 펼치기도 했다. 무어 선교사의 노력으로 천민도 '민적'에 이름을 올릴 수 있게 되었고, 양반만 쓸 수 있던 갓을 쓸 수 있게 되었다.

광주의 기독병원 원목실장으로 5·18 광주민주화운동의 참상을 미국에 전했던 찰스 헌틀리Charles B. Huntley(한국명 허철선, 1936~2017) 선교사와 그의 아내 마사 헌틀리Martha Huntley(한국명 허마르다)는 저서 《새로운 시작을 위하여》에서 무어 선교사의 계급 철폐를 위한 노력을 '세계를 뒤집어놓은 사건'이라고 부르며 "링컨 대통령의 노예 해방 선언을 얻은 미국 흑인들의 기쁨은 한국 백정들의 기쁨보다 결코 더 크지 않았다"라고 평가했다.

박성춘은 백정 출신으로 갖은 수모와 고초를 겪어야 했지만, 박성춘의 아들 박서양은 제중원의 1회 졸업생이 되었고, 자신의 아버지를 살린 에이비슨 선교사와 함께 10년간 제중원에서 의사로 활동했다. 조선 땅에 발을 디딘 지 14년 만인 1906년, 기독교의 참된 가치인 '평등'을 실현하고자 계급 철폐를 외쳤던 무어 선교사는 정작 자신이 걸린 장티푸스를 치료하지 못해 세상을 떠났다. 하지만 그가 남긴 백정 해방 운동은 당시 조선 사회에 큰 의식 변화를 불러왔다.

평신도의 등장

조선 말, 양반의 몰락이 가져다준 것은 신분제의 철폐가 아니라 피지배층의 신분 상승이었다. 19세기 말 한반도에 들어온 기독교는 '하나님 앞에 모두가 평등하다'는 기조 아래 인구의 대다수였던 피지배 계층에게 인간답게 살 가능성을 약속했다. 기독교는 계급 제도를 타파할 수 있는 희망이었다.

그런데 처음의 순수하던 신앙심이 기독교가 제도화되는 과정에서 점차 변질되어갔다. 특히 교회가 세워지고, 교회 안에서 직책이 구분됨에 따라 교직敎職을 가진 자와 일반 신자가 구분되었다. 그렇게 '평신도平信徒'라는 말이 사용되기 시작했다.

그런데 '평平'이라는 단어는 그 단어 자체만으로도 계급의 성격을 띤다. 특권 계급이 아닌 일반 시민을 나타낼 때 쓰는 '평민'이라는 말처럼 '평신도' 역시 특수한 직책을 맡지 않은 계층으로 구분된다. 사실 평신도는 예수의 제자들과 사도들을 중심으로 한 초대 교회에는 없던 개념이다. 로마의 기독교 공인 이후 제도화되어가는 교회 내에서 조직의 편리한 운영을 위해 생겨난 것이다.

평신도라는 단어 자체도 성경에 나오지 않는다. 평신도의 어원은 백성을 뜻하는 헬라어 '라오스'에서 파생된 '라이코스'로, 성경에서 '보잘것없는 사람들' 혹은 '평범한 사람들'을 지칭할 때 사용된 단어로 교회와는 무관하다.

처음 예수에 대한 이야기가 전해지면서 시작된 초대 교회는 '직職'을 중심으로 움직이지 않았다. 특히 《고린도전서》 12장에 나오는 '은사恩賜'에 대한 성경의 기록을 보면, 신이 인간에게 부여한 각기 다른 '재능'에 따라서 교회 내에서의 역할이 구분됨을 확인할 수 있다. 《고린도전서》 12장은 이해를 돕기 위해 인간의 몸에 비유해 설명한다.

"그러므로 눈이 손에게 말하기를 "너는 내게 쓸 데가 없다" 할 수가 없고, 머리가 발에게 말하기를 "너는 내게 쓸 데가 없다" 할 수 없습니다."   《고린도전서》 12장 21절(표준새번역)

위 구절은 교회 공동체에서는 누가 누구 위에 존재할 수 없음을, 직분이나 계급으로 구분할 수 없음을 말하고 있다. 이렇듯 성경은 직분으로 계층을 나누지 않았으며, 그러한 구분은 기독교 정신에도 어긋난다. 그렇다면 왜 평신도라는 말이 등장했을까?

교황 클레멘스 1세는 기독교의 첫 번째 교부教父이다. 예수의 제자 베드로에게 서품을 받은 것으로 알려진 클레멘스는 베드로가 죽은 직후부터 교회의 대표자로서의 직무와 권한을 계승했다. 이러한 클레멘스 1세가 작성한 문건 중 유일하게 남아 있는 것이 '고린도 교회에 보내는 편지'(클레멘스의 첫째 서간)인데, 당시 사제들이 여러 논란에 휩싸여 '직'을 잃자 클레멘스 1세는 교회의 분열에 반대하고 화합을 촉구하는 서신을 작성했다. 이때 클레멘스 1세는 제사장(레위지파)과 구별되는 교회 내 '직분이 없는 자들'을 가리키며 처음으로 평신도라는 말을 사용했다. 이를 바탕으로, 로마에서 기독교가 공인된 이후 가톨릭 교회는 성직자와 평신도를 구분하고 이를 교리화하였다.

애초부터 평신도는 없었다

종교개혁의 정신을 계승한다는 한국 교회가 평신도라는 단어를 쓰는 것은 참으로 의아한 일이다. 루터가 가톨릭 교회에 맞서 '프로테스탄트'가 된 이유는 교황과 같은 집중된 권위를 지닌 존재를 부인하기 위함이었다. 개신교는 성직 계급과 세속 계급을 엄격히 구별한 중세 가톨릭 교회의 태도를 거부하며 태어난 종교이다.

종교개혁의 핵심 사상인 만인제사장 교리도 종교적 권위자가 내려보낸 '공식적' 성서 해석에 억지로 복종하기보다는 각자 스스로 성경을 해석할 권리가 있다는 데 의의가 있다. 이처럼 평등에 무게를 둔 종교개혁의 정신은 성직자와 평신도 사이에 지위의 차이가 없음을 강조한다.

루터와 함께 종교개혁의 기틀을 마련한 칼뱅도 《기독교강요》에서 교회 안에서 맡게 된 직분에 대해 "노동자가 일할 때 연장을 쓰는 것과 같다"라고 하며 특별한 권위나 권력이 없음을 강조한다. 개신교에서 '평신도'라는 단어는 애초부터 없던 말이다.

과거 철저한 계급 사회였던 우리나라에서 '평민'이라는 단어가 익숙하듯이 교회에서 '평신도'라는 단어를 사용하는 것에 사람들은 거부감을 느끼지 않았다. 그러나 계급과 계층이 나뉜, 차별이 있는 사회를 지양하고, 모두가 신 앞에서 평등하다는 것이 기독교 정신이다.

승동교회의 개척자인 무어 선교사가 양반들의 항의에도 끝까지 백정의 입장에서 차별을 허락하지 않았던 것도, 초대 교회에서 수많은 이가 각자 은사에 따라 공동체를 꾸렸던 것도 모두 성경이 말하는 평등을 실천하기 위함이었다.

계급과 계층은 제도를 통해 체계화된다. 순수한 신앙을 가졌던 때에는 없었던 계층이 기독교 조직의 체계화를 통해 나타났던 것을 역사 속에서 확인할 수 있다. 상하 수직 구조가 뚜렷한 우리나라의 조직 문화가 우리 사회의 병폐를 낳는 가장 근본적 원인이듯 한국 교회의 직책 구분과 이에 따른 계층 문화는 한국 교회를 가장 병들게 하는 핵심이다.

기억하자. 애초부터 평신도는 없었다.

15

유럽으로
다시 와 보라!

1990년대 초반부터 유럽, 특히 성공회가 국교인 영국의 교세가 크게 줄었다는 소식은 한국 교회에 충격을 안겼다. "인권을 중시하여 타 종교에 관대해진 탓 아니냐" "이슬람에 잠식당한 것은 아니냐" 등등 온갖 추측이 난무했다. 특히 《미래한국》은 2002년 '교회 건물만 있고 교인이 없는 유럽 교회를 분석한다'라는 칼럼에서 유럽 교회가 쇠퇴한 것은 성경의 권위를 부정하고, 과학 문명에 의존한 세속과 향락이 만연해졌기 때문이라고 분석했다.

영국으로 파송된 한국 선교사들이 전한 영국 현실 역시 참담해 보였다. 오랜 역사가 묻어 있는 전통 양식의 교회들이 도서관과 호텔로, 심지어 술집이나 이슬람 사원으로 변했다. 사람은 없고 건물만 있는 교회들로 가득 찬 영상 속 유럽의 모습은 충격이었다. 어떻게 기독교를 국교로 삼았던 국가들의 교회가 이렇게 몰락할 수 있는지 의문이 생길 만하다. 그런데 '유럽으로 다시 와 보라'니 대체 무슨 말일까?

한국 교회 성장의 진짜 의미

1960~1970년대 격동의 시기를 겪은 한국 교회는 엄청난 양적 성장을 일궈냈다. 기독교 인구는 급증했고, 각 교회는 모여드는 신도를 수용하기 위해 건물을 지었다. 자연히 교회의 덩치는 커지고 사회적으로 교계의 영향력은 높아졌다. 그렇게 한국 교회는 화려한 건물과 풍요로운 자본 속에서 마치 대단한 성공이라도 거둔 것처럼 성공 신화에 심취했다.

어떻게 그리고 왜 이러한 성공을 거두게 되었는지에 대한 성찰 없이, 양적으로 성장하는 과정에서 들리던 이런저런 잡음들은 무시한 채 '하나님의 축복'이라는 미명 아래 성장만을 강조한 한국 교회는 21세기에 들어서면서 서서히 그 민낯을 드러내기 시작했다. 온갖 종류의 범죄가 교회 내에서 비일비

재해지고, 교계의 내로라하는 지도자들은 재판을 받고 처벌을 받았다. 그렇게 기독교는 '개독'이라 불리며 세상의 조롱거리가 되어버렸다.

사실 교회로 많은 사람을 모은 동력은 순수한 신앙심만이 아니었다. 산업 발전과 도시화로 인한 인구 밀집, 편리해진 교통수단은 사람들이 좀 더 유명하고 멋들어진 교회를 쉽게 찾아갈 수 있도록 도왔다. 기왕 다니는 거 좀 더 뽐낼 수 있는 교회를 다니는 게 신앙도 쌓고 자부심도 느낄 수 있다는 일석이조 효과가 크게 작용했으리라. 물론 이러한 분석이 정확한 평가는 아닐지 모른다. 그러나 현재 한국 교회가 보여주는 결과물들을 보노라면, 한국 교회가 단순히 순수한 신앙만을 가지고 성장해온 것이라고 믿기에는 의심스러운 요소가 너무 많다. 과연 '놀랍게 성장했다'는 한국 교회가 '제대로' 성장한 것이 맞을까?

해방 이후 60여 년간 한국 교회는 가파른 성장세를 보였다. 세계에서 가장 큰 교회 10곳 중 6개 교회가 우리나라에 있다. 세계는 경제 성장과 함께 괄목할 만한 교세 확장을 이룬 한국 교회에 집중했다. '선교사를 지원받는 나라에서 선교사를 파송하는 나라로'라는 슬로건이 한국 교회의 얼마나 큰 자랑이었는지 모른다. 마치 '원조를 받는 나라에서 원조를 하는 나라'가 우리나라의 자랑이었듯이.

하지만 이러한 평가는 '통계'라는 수단을 통해서 내려진 결론이다. 경제 지표를 사용하여 국가 발전을 평가하듯 교인 수가 많고 적음에 따라 혹은 파송하는 선교사의 수에 따라 교회의 성장과 발전을 평가한 것이다. 이처럼 '통계'를 이용하여 교회를 평가하는 일은 자칫하면 잘못된 결론에 도달할 가능성이 있다. 이는 다른 나라의 교회를 평가할 때도 드러나는 문제다. 실제로 유럽의 교회를 평가하는 이들의 대다수는 유럽을 잠시 방문한 후 겉으로 드러난 모습만 보고 판단하는 경우가 많다. 한 예로, 5박 6일간 체코와 독일, 프랑스를 둘러본 서경석 목사는 '유럽 교회를 돌아보았습니다'(《크리스천투데이》 2011. 6. 27)라는 칼럼에서 유럽의 기독교가 몰락했다면서 '참담하다'는 심경을 전했다. 교회에 사람이 없다는 이유에서였다. 교회에 출석하는 교인 수가 교회를 평가하는 지표가 된 셈이다. 하지만 통계와 수치를 이용해 자본주의적 관점에서 교세를 측정하는 방법이 과연 교회의 성장을 평가하는 올바른 방법일까?

지금까지 한국 교회는 기계적인 생산을 통해 교인 수가 가

속화되는 성장을 했지만, 체계적이고 발전적인 전략을 세우지 못해 결국 무너져 앉았다. 종교에서 통계는 단순히 '숫자'만을 의미하지 않는다. 통계는 사람들의 지향점을 흔들어 모종의 권력과 연결지을 수 있다.

'유럽의 교회가 죽었다'는 한국 교회의 평가는 그 기준이 철저히 교인 수에 달려 있기 때문이다. 그러나 이와 같은 단순 양적 기준으로는 교회를 제대로 평가할 수 없다. 교회는 교인의 수가 많고 적음보다 성경의 원리가 얼마만큼 잘 전달되고 적용되고 있는지, 즉 '질적' 기준으로 평가해야 한다.

양적 기준은 겉모습만 보고 평가할 수 있을 뿐 교회를 제대로 분석하기 어렵다. 양적 기준만 들이대는 한국 교회의 평가 방식에 얼마나 큰 문제가 있는지 영국의 사례를 들어 살펴보자.

영국 교회는 죽었다?

제2차 세계 대전 중 영국의 많은 남성이 전쟁터에서 목숨을 잃었다. 국가 재건에 필요한 인력이 부족하자 1950년대 후반 보수당 정부는 이민 정책을 개편하여 이민자에 대한 전면 개방을 선언하고 영연방Commonwealth 국가들을 우선하여 영국 이민을 장려했다. 수십만 명의 이민자들이 서인도제도, 파키스탄, 인도 북부와 방글라데시에서 영국으로 유입되기 시작했다. 1962년에는 이민법과 국적법을 개정했고 이민뿐 아니라 망명을 원하는 이들에게도 전면 개방 정책을 펼쳤다.

영연방 국가 사람들만 영국에 온 것은 아니었다. 높은 인건비를 책정하는 영국의 정책 덕에 유럽과 비유럽 각지에서 영국으로 몰려들었다. 영국의 이민 정책은 성공적이었다. 전후 복구에 필요했던 노동력이 채워졌고, 인구도 증가했다(50여 년이 지난 지금, 영국에서는 비유럽 가계가 500만을 넘어섰으며, 수도 런던의 시장도 파키스탄계이다).

그런데 문제가 발생했다. 멋진 삶을 기대하고 영국으로 건너온 이민자들은 보수적 영국인들의 인종적 우월주의와 차별에 맞서야 했고 견뎌내야 했다. 이런저런 고충 때문이었을까? 영국 사회에 속할 수 없었던 이민자들은 결국 그들만의 독립된 사회를 꾸리기 시작했다. 지역마다 인종과 종교에 따라 이민자 밀집 지역이 형성되었다. 런던 북부에 유독 아프리카 이민자가 많은 이유도, 런던의 특정 지역에 유독 이슬람교도가 많이 사는 이유도, 버밍엄 거리를 거니는 대부분이 인도계로 보이는 이유도 영국의 이민 역사에서 그 답을 찾을 수 있다.

이민자들에게 기독교는 생소했다. 일요일을 '주일Lord's Day' 로 지켰던 영국에서 모든 상점은 문을 닫았고, 물건을 사고팔 수도 없었다. 대중교통을 이용하기도 어려웠다. 그래서 일요일은 자의 반, 타의 반으로 쉬는 날이었다. 영국인들은 대부분 집안 대대로 집과 토지를 보유한 경우가 많았고, 전쟁 이후 확대된 복지 정책으로 큰 어려움 없이 삶을 이어갈 수 있었다. 하지만 이민자에게 영국에서의 삶은 버거웠다. 집도 없었고 비싼 월세를 감당하며 강도 높은 노동에 시달려야 했다. 이들에게는 하루도 아까웠다. 하루가 아쉬운 이들이 일요일이라고 무조건 쉴 수는 없었다.

이민자들의 투쟁은 1980년대 후반 시작되었다. 이민자들은 "너희들이야 여기서 나고 자라 가족도 친지도 있지만, 우리는 의지할 가족도 집도 없고 생활도 어렵다"며 애환과 고충을 털어놓았다. 그렇게 이민자들은 일요일도 일할 수 있게 해달라는 목소리를 냈다. 기독교인에게는 주일이 의미 있는 날이지만, 이슬람이나 힌두교 같은 타 종교인들에게 주일은 아무런 의미 없이 억지로 쉬어야 하는 날에 불과했다. 영국 정부는 기독교 국가로 이민 온, 이제는 한 나라의 구성원이 된 이민자들의 정체성이 바뀌기를 바랐지만 현실적으로 불가능했다.

일요일 상법과 교회의 쇠퇴

일요일에 상점들이 일제히 문을 닫았던 이유는 노동자의 휴식을 보장하기 위해서이기도 했지만, 가족과 평화롭고 고요한 시간을 보내고 기도와 묵상의 시간을 가질 수 있도록 하기 위해서였다. 하지만 이민자들의 반발에 부딪히자 오랜 논의를 거듭하다가 1990년대 초 영국 정부는 오랜 전통을 깨고 일요일에도 일반 상점이 문을 열 수 있도록 했다. 1994년 '일요일 상법The 1994 Sunday Trading Act'이 발효되자 일요일이면 굳게 닫혀 있던 백화점과 상점, 음식점이 하나둘 문을 열고 손님을 맞이했다.

이후 영국 사회에는 큰 변화가 일어났다. 보통 영국 도시들은 시 중심에 있는 큰 도로, 흔히 '하이 스트리트High Street'라 부르는 도로 한가운데에 교회를 세우고 이를 중심으로 상점과 거주 지역을 발전시켜왔다. 영국 여행을 하다 보면 도시마다 시내 중심에 들어서는 순간 가장 먼저 교회가 눈에 띄는 것도 이러한 배경 때문이었다. 종교가 가진 상징성이 컸던 영국에서는 일요일이면 대부분 교회로 향했는데, 이는 단순히 종교심 때문만은 아니었다. 가장 먼저 눈에 띄는 곳, 정치와 가장 밀접하게 맞닿아 있는 곳에 교회가 있었다.

그런데 주일이면 굳게 닫혀 있던 상점들이 하나둘 문을 열기 시작했다. 그러자 이민자뿐 아니라 영국인에게도 자유가 생겼다. 교회가 아니면 마땅히 갈 곳도 없던 영국인들에게 또 다른 선택지가 생긴 것이다. 일요일 상법이 이민자들에게는 더 많은 돈을 벌어 안정된 수입을 유지할 기회를 마련해주었다면, 영국인들에게는 여가를 좀 더 화려하게 보낼 기회를 마련해주었다.

그 여파로 1994년 이후 영국의 기독교 인구는 급격하게 감소했다. 일요일 상법 이후 교회 말고도 다른 곳에 갈 수 있었던 영국인들은 더 이상 고리타분한 교회를 찾지 않았다. 기독교인이지만 교회는 다니지 않는다는 이들이 인구의 절반을 넘어섰다. 사실 그 이전까지 인구의 70~80퍼센트가 교회에 다녔던 것은 도시 계획부터 법체계까지 교회를 가도록 제도화되어 있었기 때문이었다. 기독교 신앙이 있건 없건 간에 교

213
유럽으로 다시 와 보라!

회를 갈 수밖에 없는 상황이었기에 대다수 국민이 교회를 찾았던 것이다.

영국 기독교 인구가 급속도로 감소한 직접적 원인으로 일요일 상법을 꼽긴 했지만, 사실 영국인들의 마음속에서 신앙심은 이미 바닥이 나 있던 상태였다. 자유가 주어졌을 때 교회를 찾지 않았다는 것은 곧 참된 신앙이 없었음을 증명해준 것이나 다름없었다.

그동안 영국 성공회는 특정 제도 덕분에 명맥을 유지하고 있었다고 해도 과언이 아니었다. 그리하여 성공회 신학자들은 분석하고 연구하기 시작했다. 신학자들은 현재 영국 기독교의 문제는 단순히 기독교 인구가 감소한 데 있지 않다고 진단했다. 참된 신앙인을 키워 내는 일은 단순히 제도를 통해서혹은 설득이나 강요에 통해서 이뤄질 수 없음을 인식한 것이다. 영국 교회에 사람이 드물게 된 까닭은 교회가 죽었기 때문이 아니었다. 가장 중요한 점은 딱딱한 건물 안에 가두어 의무감을 느끼도록 옭아맨 종교라는 제도에 대한 반발이었다. 겉으로는 기독교를 통해 자유와 평등, 번영과 성장을 일궈냈지만, 안으로는 조이고 억압하는 모순 속에서 사람들은 성공회를 신뢰하지 않게 되었다.

이에 영국의 성공회와 각 학교를 대표하는 신학자들은 신학을 객관화할 필요성을 느꼈다. 그래서 기독교를 다른 종교들과 동일 선상에 두기 시작했다. 제도에 의한 선택은 아무 의미가 없다는 것을 경험했기 때문이었다. 가장 먼저 이러한 시도는 학교에서 시작했다. 교실마다 교훈처럼 여겼던 '주기도문'을 내렸다. 대학에서 별도로 운영하던 '신학과'를 '종교학부'에 편입하기 시작했다. 영국의 전통 명문인 옥스퍼드Oxford와 케임브리지Cambridge, 더럼Durham이나 세인트 앤드루스St. Andrews 그리고 킹스 칼리지 런던King's College London 같은 대학들은 대부분 신학을 주요 학문으로 시작한 학교들이었기에 이러한 교육부의 정책에 반발하기도 했지만, 제도적인 강요로는 더 이상 기독교 신앙을 유지할 수 없다고 판단한 영국 교육부와 성공회는 기독교를 타 종교와 일직선상에 두고 함께 연구하기에 이르렀다.

고체 교회 vs 액체 교회

영국 더럼 대학교의 피트 워드Pete Ward 교수는 미래 교회의 청

사진을 제시한 《액체 교회Liquid Church》를 펴내 화제를 모았다. 성공회의 선교전략가로 활동했던 그는 이 책에서 "하나님의 교회는 정지한 채 서 있는 것이 아니다"라고 주장하며, 교회는 액체와 같이 유연하게 변화를 수용하고 시대에 대응해야 한다고 말한다.

워드는 변화를 거절하는 '고체 교회Solid Church'와 '액체 교회'를 구분한다. 고체 교회는 움직이지 않는 교회 건물, 공식적 행사, 정해진 시간과 장소에서 이뤄지는 예배 등을 의미한다. 반대로 액체 교회는 자유롭게 유동하고 그 모양이 쉽게 변하는, 일정한 형태가 없는 것을 의미하는데, 그렇다면 우리 모두가 교회가 될 수 있다. 따라서 시간과 장소에 구애받지 않고, 개인이나 집단 사이의 진실한 소통으로 감동과 자극을 주는 그곳이 곧 교회라는 것이 워드의 주장이다.

워드는 '영국이 기독교 국가인가?'라는 주제의 토론에서 일요일 상법 이후 기독교 인구가 급속도로 감소할 때 고체 교회는 아무런 역할도 못 했다고 말했다. 많은 젊은이가 영성을 회복하고자 하지만 '교회'라는 특정 단체에 가입하는 데에는 부담을 느낀다는 것이다. 자신이 '기독교인'이라고 대답하는 비율은 70퍼센트 정도지만, '교회에 나간다'는 비율은 10퍼센트

미만인 사실을 보면, 사람들이 교회를 찾지 않는 이유를 짐작할 수 있다.

워드는 성경에서 말하는 '교회'는 특정 단체 혹은 장소의 의미를 담고 있지 않다고 주장하며, 교회는 기독교가 가진 역동성을 기반으로 교회 밖에 있는 사람들과도 긴밀하게 연결되어 있다고 말한다. 하나님의 나라는 고정되어 있지 않고 끊임없이 액체와 같이 흘러가야 한다. 워드는 고체 교회 자체를 부정하지는 않지만, 액체 교회의 형태로 역동적으로 흐르고 섞이면서 하나님을 경험하는 활동의 장이 되는 것이 곧 성경적인 참된 교회의 모델이라고 말한다.

교회의 성장은 양적 성장에 있지 않다

영국은 겉으로 보이는 교회의 성장, 특히 수치적 의미의 성장을 지양했다. 유럽은 가정으로 돌아갔다. 가정이 튼튼해야 국가가 튼튼하고 교회도 함께 견고히 설 수 있다는 판단에서다. 영국이나 유럽의 교회가 한국 교회에 비해 뜨뜻미지근하게 보일 수도 있다. 하지만 유럽은 이미 다 해봤다. 다 겪어봤다.

전 세계에 선교사를 파송하고, 세계 대전도 두 차례나 치렀다. 중세 교회의 극심한 타락을 목도했고, 이민자와의 갈등도 겪어야 했다.

그 가운데서 유럽, 특히 영국은 기독교의 자리를 찾는 작업을 진행 중이다. 영국은 신학이 부재하고 교회가 죽었다는 말에는 근거가 없다. 눈에 보이는, 겉으로 드러난 자료만 갖고 분석한 평가는 아무런 쓸모가 없다. 유럽은 신학에 대한 관심과 학문적 끈을 놓지 않는다. 더불어 자신들의 처지를 좀 더 객관화하고 자기반성에도 열심이다. 제도도 바꾸고 연구도 계속하고 있다. 집계가 어렵지만, 현재 영국을 비롯해 유럽에서는 가정교회들이 확산하고 있다고 한다. 드러나지 않지만 액체 교회 형태의 교회들이 늘어나고 있다.

유럽의 교회는 한국 교회를 부러워하거나 벤치마킹하지 않는다. 이들은 한국 교회가 어디로 가는지, 그 말로가 어떨지 이미 다 내다보고 있다. 유럽의 교회가 죽었다고? 아니다. 유럽의 교회는 갱생 중이다. 과연 누가 진짜로 죽은 교회의 주인일까?

사실 유럽의 교회, 기독교 단체처럼 봉사를 많이 하는 곳도 드물다. 크리스천 에이드Christian Aid, 세이브더칠드런Save the

Children, 헬프에이지HelpAge 같은 자선 단체들도 대부분 기독교 정신에 따라 세워진 곳들이다. 교회의 덩치를 키우는 데는 더 이상 관심 두지 않고 이웃 사랑을 실천하고 있는 유럽 교회에 정말로 희망이 없을까?

사람의 발전이 통렬한 반성에 달려 있듯 교회의 성장은 처음으로 돌아가 순수한 신앙심을 회복하는 데 달려 있다.

가장 민주적이고 평등한 원칙을 고수했던 종교개혁의 의미를 되새겨볼 때

지금이야 스코틀랜드가 영국에 속한 작은 지방 정도로 여겨지지만, 16세기 종교개혁 시대만 하더라도 스코틀랜드는 국제적 영향력이 큰 나라였다. 당시 프랑스의 왕세자 프랑수아와 스코틀랜드의 여왕 메리 1세는 혼인 관계를 맺었는데, 유럽 대륙에서 가장 막강했던 프랑스와 연을 맺은 스코틀랜드는 영향력이 클 수밖에 없었다.

한편 스코틀랜드와 사이가 좋지 않았던 잉글랜드는 엘리자베스 1세의 통치 아래 구교(로마가톨릭)에서 신교(개신교)로 전환하는 시기를 맞고 있었다. 엘리자베스 1세가 신교를 국교로 확립하면서 잉글랜드 국교회(성공회)도 종교개혁의 급물살을 타게 되었다.

스코틀랜드 역시 존 녹스John Knox라는 걸출한 개혁가를 필두로 종교개혁의 급물살을 타고 있었다. 그런데 스코틀랜드는 깊은 고민에 빠질 수밖에 없었다. 국제적 영향력이 있지만 종교적 입장이 다른 프랑스(프랑스는 전통적인 로마가톨릭 국가이다)와 사이가 좋진 않지만 같은 종교개혁적 입장을 취한 잉글랜드 사이에서 결정을 내려야 했던 것이다.

결국 스코틀랜드 의회는 종교개혁의 손을 들어주었다. 세속적 영향력을 추구하기보다는 올바른 신앙적 가치에 무게를 두었기 때문이다. 여기서 스코틀랜드의 종교개혁이 잉글랜드를 비롯한 여타 유럽 국가들의 종교개혁과 어떻게 다른지 알 수 있다.

사실 지금의 영국은 스코틀랜드의 양보로 시작되었다 해도 과언이 아니다. 국제적 영향력을 등에 업고 독립된 국가로서 발전할 수 있었지만, 스코틀랜드는 종교적 신념을 우선했다. 스코틀랜드 의회의 선택은 유럽 대륙의 주류 종교와 다른 길을 걷는 잉글랜드에 큰 힘이 되었다. 영국이 지금까지 국교를 유지하며 기독교 국가로서의 면모를 갖출 수 있었던 것은 스코틀랜드의 선택 덕분이다.

이러한 가치 지향적 종교개혁의 기틀을 마련한 스코틀랜드의 종교개혁은 또한 평등과 민주주의적 가치를 실현했다. 스코틀랜드의 종교개혁은 남녀와 계층 구분 없이 사회의 모든 이들에 대한 '교육'에 초점이 맞췄다. 모두가 성경을 직접 읽을 수 있도록 글을 읽고 해석할 수 있는 능력을 갖추기 위한 균등한 교육의 기회는 사회를 변혁시키기 실질적 도구였다. 이렇듯 평등에 입각한 교육 제도는 스코틀랜드 사람들의 지적 능력 향상에 도움이 되었고, 이후 스코틀랜드의 계몽 운동과 문학 운동의 모태가 되기도 했다.

스코틀랜드 장로교회의 개혁 정신은 기존의 상투적 신앙 표현을 깨뜨림으로써 새로운 자각을 일으켰다. 특히 상하 계층을 나누지 않는 장로 제도의 무계층적 특징은 평등주의뿐 아니라 민주주의를 향한 뿌리 깊은 인간의 본능을 자극했다. 아마도 스코틀랜드 종교개혁이 없었더라면 유럽은 물론이고 세계 다른 지역까지도 지금과는 사뭇 다른 국가 형태를 띠었을지도 모른다. '종교개혁' 하면 흔히들 마르틴 루터가 시작한 종교개혁을 생각하지만, 우리는 평등주의와 민주주의 정신을 품은 스코틀랜드의 종교개혁을 깊이 있게 되새겨봐야 한다.

대중의 전면적 정치 참여로 지금 대한민국은 변하고 있다. 이제 한국 교회 차례다. 가장 민주적이고 가장 평등한 원칙을 고수했던 종교개혁의 의미를 되새겨 교인들이 질문하고 소통하고 성경을 연구하고 교회를 제대로 이해한다면 한국 교회도 변할 것이다. 종교개혁 501주년, 중세로 되돌아간 한국 교회의 희망은 변화를 꿈꾸는 우리에게서 시작될 것이다.

한국 교회에 말한다

초판 1쇄 인쇄 ㅣ 2018년 3월 27일
초판 1쇄 발행 ㅣ 2018년 4월 3일

지은이 오제홍
기획 파트너 딴지일보 편집부
책임편집 조성우
편집 손성실
마케팅 이동준
디자인 권월화
용지 월드페이퍼
제작 성광인쇄㈜
펴낸곳 생각비행
등록일 2010년 3월 29일 ㅣ 등록번호 제2010-000092호
주소 서울시 마포구 월드컵북로 132, 402호
전화 02) 3141-0485
팩스 02) 3141-0486
이메일 ideas0419@hanmail.net
블로그 www.ideas0419.com

ⓒ 오제홍, 2018
ISBN 979-11-87708-76-6 03300